Martin Wagner
Gebrauchsanweisung für Israel

Martin Wagner

Gebrauchsanweisung für Israel

Piper
München Zürich

Außerdem liegen vor:

Gebrauchsanweisung für Ägypten von Wolfgang Koydl
Gebrauchsanweisung für Amerika von Paul Watzlawick
Gebrauchsanweisung für China von Uli Franz
Gebrauchsanweisung für Deutschland von Maxim Gorski
Gebrauchsanweisung für England von Heinz Ohff
Gebrauchsanweisung für Finnland von Claus Haar
Gebrauchsanweisung für Frankreich von Klaus-Peter Schmid
Gebrauchsanweisung für Griechenland von Martin Pristl
Gebrauchsanweisung für Hongkong und Macao von
Gerhard Dambmann
Gebrauchsanweisung für Irland von Ralf Sotscheck
Gebrauchsanweisung für Japan von Gerhard Dambmann
Gebrauchsanweisung für New York von Natalie John
Gebrauchsanweisung für Schottland von Heinz Ohff
Gebrauchsanweisung für die Schweiz von Thomas Küng
Gebrauchsanweisung für die Türkei von Barbara Yurtdaş

ISBN 3-492-04987-7
© R. Piper GmbH & Co. KG, München 1996
Gesetzt aus der Bembo-Antiqua
Gesamtherstellung: Clausen & Bosse, Leck
Printed in Germany

Für Angelika
und Johanna

Inhalt

Liebe Leser,

Israel, geben Sie's ruhig zu, kennen Sie doch längst: Hörfunk, Fernsehen, Zeitungen und Zeitschriften berichten ständig über dieses Land, so daß Ihre Reise eigentlich nur zwei Gründe haben kann. Entweder haben Sie dort Bekannte, die Sie besuchen möchten, oder Sie möchten wissen, was es wirklich mit diesem Land auf sich hat. Beides sind gute Gründe für eine Reise nach Israel.

Erschrecken Sie aber bitte nicht, wenn Sie feststellen, wie klein dieses Land ist, denn die Schlagzeilen, die es weltweit macht, stehen in keinem Verhältnis zu seiner geographischen Ausdehnung. Von der Bedeutung des Landes wollen wir jetzt nicht reden, in dieser Hinsicht muß an diesem Stück Erde etwas Besonderes dran sein. Nicht von ungefähr wird seit Jahrtausenden über dieses Land geschrieben. Und jetzt so etwas Seltsames wie eine *Gebrauchsanweisung*, als ob es nicht schon genügend Bücher über Israel gäbe.

Nun könnte es ja sein, daß Sie nicht nur wissen wollen, wer im Konflikt zwischen Israelis und Palästinensern recht hat (eine gute Frage übrigens, mit einer ebenso guten Antwort kann leider nicht gedient werden), wie alt Tempel, Synagogen, Moscheen und Kirchen sind, wie viele Regentage der Juli aufweist (ein kleines Zugeständnis: keinen, vergessen Sie um diese Jahreszeit Ihren Regenschirm) oder ob das Tote Meer wirklich... ja, auch Sie werden nicht untergehen, wenn Sie darüber hinaus etwas über Israel wissen wollen, dann sind Sie hier richtig. Was ich Ihnen auf den folgenden Seiten vermitteln will, ist nicht mehr und nicht weniger als ein »Israel-Gefühl«.

Ob es so etwas überhaupt gibt? Das soll sich Ihnen aus der Lektüre dieses Buches erschließen. Das Land und seine Bewohner jedenfalls werden Sie nicht gleichgültig lassen, und erst nach einer Israel-Reise ist man so richtig verwirrt und fragt sich: »Was ist das eigentlich für ein Land?« Darauf zu antworten, will die *Gebrauchsanweisung* versuchen. Es ist eine Annäherung an Israel im Wissen, daß sich dieses Land nicht erklären, sondern nur erleben läßt. Vielleicht macht Ihnen das eine ja Lust auf das andere.

»Was wollen Sie hier eigentlich?« – Sicherheit über alles

Beim Packen Ihres Koffers für die Israel-Reise sollten Sie vor allem eines bedenken: daß Sie ihn vor dem Abflug noch einmal auspacken müssen. Es spielt dabei keine Rolle, ob Ihre Hemden oder Blusen frisch gebügelt und sorgfältig zusammengelegt sind oder ob Sie alles platzsparend in einen Rucksack gestopft haben, die Sicherheitsbeamten am Flughafen wollen alles sehen. Und zweifellos haben sie längst alles gesehen. Was Touristen und Israelis ins Heilige Land transportieren, läßt einen gelegentlich ins Grübeln darüber geraten, in was für ein Land man gerade reisen will.

Schon vor dem Abflug bekommt man einen ersten Eindruck von dem, woran es in Israel scheinbar mangelt. Bügeleisen, Kaffeemaschinen, Radiogeräte, Kassettenrecorder, Kameras und Videogeräte gehören zu den kleineren Elektrogeräten, die in der Abflughalle ausgepackt und von den Sicherheitsbeamten gewissenhaft ausprobiert werden. Da deutsche Markenprodukte in Israel sehr beliebt sind, kann es durchaus vorkommen, daß ein Rasenmäher zum Handgepäck gehört. Oder Brühwürfel. Oder ein Laib Bauernbrot. Oder Kaffee. Oder was nicht alles. In jedem Fall: Bevor Ihr Koffer im Bauch des Flugzeuges landet, wird er ausgepackt, und zwar gründlich.

Wenn Sie also Freunde in Israel haben, die Sie mit einem Geschenk beglücken wollen – was beliebt ist, wissen Sie jetzt: Rasenmäher, Radios und dergleichen mehr –, dann sollten Sie es nicht liebevoll in Geschenkpapier einpacken. Dem Sicherheitspersonal genügt es meistens nicht, daß Sie ihm wortreich erklären, was Sie da eingepackt haben, sie wollen es sehen, entweder mit eigenen Augen oder mit Röntgenaugen. Manches, wie etwa Laptops, Weltempfänger, Kameras, der Fön und andere elektrische Geräte, muß erstens eingeschaltet werden – somit erfährt man gleich bei der Abreise, daß man Batterien vergessen hat – und wird zweitens noch durchleuchtet.

Wer, wie wir, in Israel lebt und die Weihnachtsgeschenke für den mitreisenden Nachwuchs im Gepäck hat, dem hilft nur ein Appell an das Mitgefühl des Sicherheitspersonals, doch bitte nicht vor den Augen der Tochter den Glauben an das Christkind zu zerstören und die Durchsuchung des Kofferinhalts diskret zu gestalten. Persönliche Experimente in den letzten Jahren haben zu dem Ergebnis geführt, daß auch Sicherheitsbeamte Menschen sind, wenngleich nicht verschwiegen werden soll, daß die Menschen am Flughafen München zwar nicht weniger freundlich, aber erheblich gründlicher sind als die am Flughafen Frankfurt.

Erfreulicherweise macht sich bei israelischen Fluglinien mittlerweile der Fortschritt bemerkbar: Das mühsame (und manchmal etwas peinliche) Auspacken entfällt gelegentlich, das Gepäck wird nur noch durchleuchtet. Offensichtlich kann das Sicherheitspersonal so mehr sehen als mit den bloßen Augen.

Es hat natürlich einen Grund, daß das Gepäck vor dem

Abflug nach Israel genauestens durchsucht wird und die Abflughalle meist etwas abgelegen ist. »Sicherheit über alles«, lautet die Devise. Das ist eine Erinnerung an jene Zeiten, als gewalttätige palästinensische Gruppen glaubten, den Staat Israel mit Flugzeugentführungen und Anschlägen auf Flugplätze erpressen zu können. Die Kontrollen sollen vor allem verhindern, daß jemand Sprengstoff oder Waffen in ein Flugzeug schmuggelt. Gelegentlich wird das Verständnis für die Kontrollen auf eine harte Probe gestellt, kann man doch bei der Befragung leicht den Eindruck gewinnen, man sei eigentlich nicht erwünscht in Israel. Offensichtlich hat bis heute niemand das Sicherheitspersonal der israelischen Fluglinien darauf hingewiesen, daß es sich bei den Passagieren ja schließlich um zahlende Kunden handelt. Im Laufe der Befragung hat schon mancher Israel-Reisende das Gefühl gehabt, er müsse sich dafür entschuldigen, daß er nach Israel fliegt.

Seien Sie also darauf gefaßt erklären zu müssen, warum Sie nach Israel fliegen, wen Sie da treffen wollen, wo Sie wohnen werden, wer Sie vom Flughafen abholt, wie Sie zum Hotel kommen. Wenn Sie Glück haben, wissen Sie auf all diese Fragen eine plausible Antwort, wenn nicht, dann sollten Sie sich etwas einfallen lassen. Es empfiehlt sich, bei der Wahrheit zu bleiben. Denn nach dem Motto »Vertrauen ist gut, Kontrolle ist besser« rufen die Sicherheitsbeamten durchaus in Israel an, wenn Sie behaupten, dort gute Freunde zu besuchen, und erkundigen sich, ob Sie wirklich erwartet werden.

Es gibt ein paar sichere Rezepte, das Interesse der Sicherheitsbeamten zu wecken und eine intensive Kontrolle zu provozieren. Sie müssen zum Beispiel nur erzählen, daß Sie Israel eigentlich gar nicht interessiert, daß Sie vielmehr mit Palästinensern zusammentreffen wollen – wenn Ihr Paß zudem ein paar schöne Stempel aus arabischen Ländern aufweist, dann können Sie sich auf eine längere Befragung gefaßt machen. Die Friedenspolitik der letzten Jahre hat zwar eine gewisse Entspannung bewirkt, das heißt aber nicht, daß man gegenüber dem Sicherheitspersonal gefahrlos Scherze machen kann. Spaß verstehen nämlich die wenigsten Sicherheitsbeamten, was, zugegebenermaßen, mit ihrer Aufgabe zusammenhängt.

Apropos Stempel: Sie planen, außer Israel noch arabische Länder zu besuchen? Dann sollten Sie sich bei der Einreise, also am Ben-Gurion-Flughafen, keinen Stempel in Ihren Paß drücken lassen. Immer noch boykottieren arabische Länder Reisende, die in Israel gewesen sind.

Bevor Ihr Flugzeug Richtung Israel abgehoben hat, wird Ihnen also klar, daß Sie in ein Land unterwegs sind, in dem manches anders ist als in anderen Ländern. Nach der Kontrolle und Befragung an einem deutschen Flughafen sind Sie außerdem auf das vorbereitet, was Sie erwartet, wenn Sie Israel wieder verlassen. Richtig: Kontrolle und Befragung. Mit einem Unterschied. Dieses Mal darf das Sicherheitspersonal schmutzige Wäsche durchwühlen. Die Fragen werden Ihnen bekannt vorkommen: Wo waren Sie, wen haben Sie getroffen, wo haben Sie übernachtet, wer hat die Hotelrechnung bezahlt? Und das wichtigste: Wer hat den Koffer gepackt?

Geben Sie ruhig zu, daß Sie es waren. Hüten Sie sich vor der Ausrede »Keine Ahnung, wer meine Sachen so durcheinander in den Koffer geworfen hat«. Für die meist jungen Damen und Herren ist das ein Signal, genauer nachzufragen. Es könnte ja sein, daß ein böser Mensch ausgerechnet in Ihrem Koffer eine Bombe versteckt hat. Deshalb sollten Sie auf die Frage »Haben Sie Ihren Koffer immer bei sich gehabt?« auch nicht antworten »Nein, als ich auf der Toilette war, habe ich eine Dame mit blonden Haaren gebeten, mal kurz aufzupassen.« Lassen Sie erstens Ihren Koffer nie aus den Augen und bringen Sie zweitens das Sicherheitspersonal nicht in die Verlegenheit, sich intensiver mit Ihnen beschäftigen zu müssen. Das kann das verdrießliche Ende eines Urlaubs bedeuten. Sie wären nicht der erste Israel Reisende, der wegen einer besonders ausführlichen Kontrolle sein Flugzeug verpaßt. Sicherheit über alles, das ist ernst gemeint.

Bevor Sie jetzt ins Grübeln geraten, ob Sie Ihre geplante Israel-Reise nicht lieber absagen, weil Ihnen das Sicherheitsquiz anfängt Bauchschmerzen zu bereiten, sei Ihnen verraten, daß Sie diese Veranstaltung zumindest auf dem Heimweg erheblich einfacher gestalten können. Die israelischen Fluglinien El Al und Arkia sowie einige ausländische Fluglinien bieten einen Service an, der die Befragung wie die damit verbundene Warterei auf ein Minimum verkürzt. Sie können schon am Vortag oder -abend Ihres Abfluges Ihr Gepäck im jeweiligen Büro abgeben. Dort läuft die Befragung wesentlich entspannter ab. Das Sicherheitspersonal hat Ihr Gepäck ja genügend lange vor dem Rückflug unter Kontrolle, um alle befürchteten Eventualitäten auszuschließen; Sie bekommen bereits Ihre Bordkarte und müssen am nächsten Tag wie überall eine Stunde vor dem Abflug am Flughafen sein. Das sollte Sie trösten, wenn Sie die Befragung vor dem Abflug in Deutschland zu Schweißausbrüchen treibt.

Nach überstandener Kontrolle werden Sie sich erleichtert – irgendwie weckt eine intensive Befragung in einem immer das Gefühl, trotz guten Gewissens irgend etwas falsch gemacht zu haben – auf einen ruhigen Flug nach Israel freuen. Glauben Sie und liegen falsch. Denn, kaum haben Sie das Flugzeug betreten, sind Sie schon mit einem Fuß in Israel, und da geht es nun einmal nicht ruhig zu. Entscheiden Sie sich lieber gleich für eine israelische Fluglinie, und Sie bekommen in der Luft einen ersten Vorgeschmack auf das, was Sie am Boden erwartet.

Zunächst werden Sie sich wundern, wie viele Arme die Israelis haben, denn was sie als Handgepäck an Bord schleppen, kann man unmöglich mit zwei Händen tragen. Als herrschte in ihrem Heimatland Notstand, kaufen Israelis in Europa ein. Das hat einen rationalen Grund: Elektrogeräte aller Art und hochprozentige Alkoholika zum Beispiel sind in Israel erheblich teurer als in Deutschland. Und es hat einen irrationalen Grund: Irgendwann hat sich in Israel die Meinung durchgesetzt, im Ausland gekaufte Artikel seien grundsätzlich besser als das, was man im eigenen Land erstehen könne. Die Bewunderung, die einem T-Shirt oder einem Rock unserer Tochter Johanna galt, steigerte sich bei unseren israelischen Freunden immer dann, wenn wir die um Bestätigung heischende Frage »Das ist aber im Ausland gekauft« mit einem »Ja« beantworten konnten, worauf meist ein »Das sieht man gleich« folgte.

Man kann sich aber auch täuschen. Jahrelang haben

viele Israelis besonders gerne bei einer britischen Kaufhauskette Kleidung eingekauft. *Made in Great Britain* – das ist doch etwas. Das hat sich schlagartig geändert, als sich herumsprach, was den Etiketten der vermeintlich britischen Klamotten nicht zu entnehmen war: daß der Konzern seine Kleidung importierte – aus Israel. Nicht geändert hat sich die Angewohnheit der Israelis, einen Großteil ihres Urlaubs in Kaufhäusern zu verbringen. Was auf der Heimreise nicht in den Koffer paßt, wird zum Handgepäck erklärt und in das Flugzeug geschleppt.

Für den Fall, daß Sie selber viel Handgepäck haben, weil Ihnen israelische Freunde gesagt haben, was sie alles brauchen könnten, zwei Hinweise: Erstens ist das Personal der israelischen Fluglinien großzügiger bei der Gewichtung des Handgepäcks – man kennt seine Landsleute –, und zweitens sollten Sie das Personal am Abfertigungsschalter freundlich anlächeln und stets so tun, als trügen Sie ein federleichtes Gepäckstück, auch wenn Ihnen das Gewicht Ihres Handkoffers den Arm abzureißen droht; denn für Übergepäck dürfen Sie sehr tief in die Tasche greifen.

Der erfahrene Israel-Reisende sucht beim Betreten des Flugzeuges nicht nach seinem Sitzplatz, der ist einem ja schriftlich auf der Bordkarte zugeteilt, sondern nach Platz für sein Handgepäck. Das verstaut er möglichst schnell, bevor ihm andere zuvorkommen und er seine Tasche zwischen die Beine quetschen und den in allen Flugzeugen gleichermaßen zu knapp bemessenen Fußraum (Wer testet eigentlich so etwas? Zwerge, Pygmäen, Kleinwüchsige? Jedenfalls Menschen, die kleiner als einen Meter siebzig sind) zusätzlich verkleinern muß.

Folglich empfiehlt es sich nicht zu warten, bis einem geholfen wird, helfen Sie sich selbst!

An Bord dann ist eine erste Begegnung mit Israelis unvermeidlich, außer Sie fliegen mit einer deutschen Reisegruppe und sind von Landsleuten umgeben. Ein Israeli jedenfalls bringt es nicht fertig, die Flugzeit von vier Stunden Frankfurt–Tel Aviv schweigend neben Ihnen zu sitzen. Während dieser Zeit bekommen Sie entweder kostenlos zahlreiche Tips, was Sie in Israel anschauen sollen, wo Sie besonders günstig einkaufen können, wo Ihr Flugnachbar jemanden kennt, den Sie unbedingt besuchen sollen, und vielleicht lädt er Sie auch gleich zu sich nach Hause ein, oder Sie erfahren eine komplette Lebensgeschichte. Gelegentlich reicht die Flugzeit für eine Kombination aus beidem.

Da Israel ein relativ kleines Land ist, kennen es die meisten Israelis recht gut, und da in dem kleinen Land nur knapp fünfeinhalb Millionen Menschen leben, kennt fast jeder jeden oder zumindest jemanden, der wiederum einen kennt, der wichtig ist oder über gute Beziehungen verfügt. In der Regel ergibt sich das eine aus dem anderen, denn wer über gute Beziehungen verfügt, der ist wichtig. Wenn Sie also Ihrem israelischen Flugnachbarn erzählen, daß Sie in einem bestimmten Hotel untergebracht sind, werden Sie vermutlich ein bedauerndes »Ach, hätten wir uns doch früher kennengelernt« hören und das Angebot, bei der nächsten Israel-Reise doch unbedingt vorher Ihren neuen Bekannten anzurufen. Er kennt nämlich den Manager eines Hotels, das gerade erst eröffnet hat, und kann Ihnen ein Zimmer zu einem günstigen Preis verschaffen.

Daß Ihr Nachbar wirklich viele Israelis kennt, wird

Ihnen nicht verborgen bleiben. Über kurz oder lang wird sich ein guter Bekannter von ihm über Sie beugen und ein nicht enden wollendes Gespräch beginnen, während Sie entweder versuchen, das Flugzeugmenü aus den Plastikschalen zu löffeln oder den Film zu sehen, der zur Abwechslung gezeigt wird. Sie können den Bekannten Ihres Nachbarn natürlich darauf hinweisen, daß er Sie stört, seien Sie aber nicht überrascht, wenn die Antwort lautet: »Stimmt, ich finde es auch ungemütlich, mich im Stehen zu unterhalten. Nehmen Sie ruhig solange meinen Sitz ein, der ist ganz hinten, bei den Rauchern neben der Toilette.« Sollten Sie auf das freundliche Angebot eingehen, müssen Sie allerdings damit rechnen, daß auf dem angebotenen Platz bereits jemand sitzt, der unbedingt eine Zigarette rauchen muß, weil er selbst einen Platz im Nichtraucherbereich hat.

Damit wir uns nicht mißverstehen: Das ist keine böse Absicht, keine Verschwörung gegen Sie, sondern nur ein erster Vorgeschmack auf das, was Sie in Israel erwartet. Sich darüber aufzuregen, hat wenig Sinn, sich an die veränderten Spielregeln zu halten, verspricht mehr Erfolg und schont die Nerven. Wobei das Problem zugegebenermaßen darin liegt, daß es zwar Regeln gibt, die Israelis es aber lieben, flexibel zu sein und die Regeln je nach Wetter, Lust oder Laune verschieden auszulegen. Es bedarf einer gewissen Eingewöhnungszeit, bis man feststellt, daß es so (oder eben anders) auch geht – und nicht einmal schlechter. Ein gewisses Maß an Flexibilität kann auf einer Israel-Reise nur nützlich sein.

Kurz vor der Landung – Sie kennen inzwischen den Bekanntenkreis Ihres Sitznachbarn, seine Beziehungen zu Deutschland und haben sich seine Telefonnummer notiert – machen Sie ein erstes Mal Bekanntschaft mit der israelischen Bürokratie. Sie müssen ein Formular ausfüllen, das Ihnen vom Flugzeugpersonal ausgehändigt wird. Ein Visum für Israel benötigen Deutsche, die vor 1928 geboren sind. Der Grund ist der verständliche Wunsch, in Israel keine alten Nazis zu Gast zu haben.

Wenn Sie das Formular ausgefüllt und in Ihren Reisepaß gesteckt haben, ist es meist schon Zeit, sich anzuschnallen. Aus dem Fenster sehen Sie jetzt die Mittelmeerküste vor Tel Aviv, der Landeanflug beginnt. Ein besonderes Erlebnis kann eine nächtliche Landung mit einer israelischen Fluggesellschaft sein. Dann nämlich, wenn die Innenbeleuchtung ausgeschaltet wird: Sie sehen unter sich die Lichter des nächtlichen Tel Aviv, und aus den Bordlautsprechern erklingt ein israelisches Volkslied. Das dunkel glitzernde Mittelmeer geht in das Lichtermeer von Tel Aviv über, langsam sinkt das Flugzeug nach unten, die Israelis singen mit, und selbst weitgereiste Touristen werden in diesem Moment stumm.

Nach der Landung, beim Verlassen des Flugzeuges erleben Sie das im Sommer übliche Wechselbad der Temperaturen. Zunächst scheinen Sie gegen eine weiche Wand aus heißer Luft zu stoßen. Im Bus, der Sie zur Ankunftshalle bringt, läuft die Klimaanlage auf vollen Touren und kühlt die verschwitzten Passagiere. Auf den wenigen Metern vom Bus zur Ankunftshalle durchschreiten Sie erneut die Heißluftwand, bis Sie die gekühlte Ankunftshalle erreichen. Dort folgen Sie bitte nicht den Israelis, die fast alle zu einem Schalter stürzen.

Um den gleichermaßen einkaufs- wie reiselustigen Israelis entgegenzukommen, hat der Ben-Gurion-Flughafen einen speziellen und viel genutzten Service eingerichtet. Erst wenn er im Duty-free-Shop für die ganze Familie und die vielen Freunde eingekauft hat, stellt sich bei einem Israeli das Gefühl ein, daß er sich im Urlaub befindet. Dieses Gefühl beginnt auf dem Ben-Gurion-Flughafen bei der Abreise, denn wer Israel verläßt, kann sich im Duty-free-Shop mit Alkoholika, Parfums, Zigaretten und Elektroartikeln eindecken (im Rahmen der erlaubten Höchstmengen selbstverständlich), bezahlt dies vor dem Abflug und bekommt einen Karton mit den Artikeln bei der Ankunft gegen Vorlage der Quittung ausgehändigt.

Die Mehrzahl der Israelis rennt also, soweit das mit dem schweren Handgepäck möglich ist, zu diesem Schalter, während Sie gleich bei der Paßkontrolle anstehen können. Wenn es für Sie wichtig ist, sollten Sie, wie bereits erwähnt, darauf achten, daß der Einreisestempel nicht in Ihrem Paß landet. Das Original des von Ihnen im Flugzeug ausgefüllten Formulars bleibt bei den Behörden, den Durchschlag behalten Sie bis zur Ausreise (nicht verlieren!), und zudem bekommen Sie einen zweiten Zettel in die Hand gedrückt. Bevor Sie darüber nachdenken können, wofür dieses zweite Stück Papier gut sein könnte, sind Sie es wieder los. Etwa fünf Meter hinter der Paßkontrolle sitzt eine junge Dame und sammelt diese Zettel wieder ein. Da die Gefahr gering ist, daß Reisende auf diesen fünf Metern verlorengehen, scheint es sich eher um eine Arbeitsbeschaffungsmaßnahme zu handeln. Palästinenser wissen, daß diese Zettel doch einen Sinn haben, sie werden an dieser Stelle zu einer speziellen Kontrolle gebeten. Auch bei der Sicherheit gibt es Unterschiede.

Jetzt dauert es meist nicht lange, bis Ihnen Ihr Gepäck

auf dem Transportband entgegenkommt. Stapeln Sie es auf einen der kostenlos zur Verfügung gestellten Kofferwagen – leicht zu finden, da der Ben-Gurion-Flughafen keiner jener Monsterflughäfen ist, in denen man stets befürchtet, sich zu verlaufen oder zu spät dran zu sein wegen der langen Wege – und fahren Sie Ihren Wagen zum Ausgang, über dem neben einem grünen Zeichen zu lesen ist: *Nothing to declare*, denn Sie wollen weder Erklärungen abgeben, noch haben Sie etwas zu verzollen. Dort stehen immer ein paar Zöllner herum, die Sie nicht durch zögerliches Vorbeifahren oder -gehen auf den Gedanken bringen sollten, ausgerechnet Ihr Gepäck einer der gelegentlichen Stichproben zu unterziehen.

Und dann sind Sie aus dem Flughafen draußen und drinnen in Israel. Der erste Eindruck: Sie sind in der Südkurve eines Fußballstadions gelandet, dort, wo die Fans stehen. Hunderte drängen sich den ankommenden Reisenden entgegen und erwarten weder einen Fußball- noch einen Showstar, auch nicht Sie, sondern Verwandte oder Bekannte. Kleinkinder werden über die Absperrung gehalten, strecken ihre Hände den heimkehrenden Vätern, Müttern, Schwestern, Brüdern, Tanten oder Onkeln entgegen. Es wird geweint und gelacht, alle Gefühle kommen zum Ausbruch. Und mittendrin Sie. Sie haben keine Chance, dem zu entgehen.

Wer seine Verwandten entdeckt hat, bleibt stehen, umarmt und küßt die ganze Familie ungeachtet anderer, die gerne vorwärtskommen möchten. Der Ausgang ist blockiert, die Wagen mit den Koffern verhaken sich, Ihnen schiebt jemand sein Gefährt in die Fersen, weil auch Sie stehenbleiben müssen und Zeuge herzzerreißender Szenen werden. Die Heimkehrer werden begrüßt, als seien sie Monate oder Jahre außer Landes gewesen, die Fähigkeit, dabei die Umwelt zu vergessen, sucht ihresgleichen; genau da, wo kein Platz ist, spielen sich diese Szenen ab. Palästinenser fallen einander genauso um den Hals wie fromme Juden, die ihre schwarzen Mäntel nicht einmal bei sommerlicher Hitze ablegen, junge Männer müssen sich aneinanderdrücken, als hätten sie nie die Gelegenheit gehabt, sich auch nur die Hand zu geben, Großmütter begrüßen Großväter, als wären sie nicht schon ein Leben lang miteinander verheiratet.

Die Ankunft in diesem Land ist etwas Besonderes, anders lassen sich die gefühlsgeladenen Begrüßungsszenen, deren Zeuge man wird, nicht interpretieren. Und dabei hat Ihre Israel-Reise erst angefangen.

Ein Gesamtkunstwerk –
der Israeli

Die Quadratur des Kreises ist geradezu ein Kinder-
spiel im Vergleich zu der Aufgabe, »den Israeli« zu
beschreiben, denn je länger und je genauer man sich in
Israel umschaut, um so klarer wird einem: Es gibt ihn
nicht, »den Israeli« oder »die Israelin«. Nicht einmal der
Glaube eint – anders als vielfach angenommen – die Bewohner dieses Landes.

Die überwiegende Mehrheit der Bevölkerung ist zwar
jüdischen Glaubens, doch es leben hier auch Moslems
und Christen, Drusen und Anhänger der Bahai-Sekte.
Was sie alle eint, ist der israelische Paß und die Tatsache,
daß sie sonst fast nichts eint. Nicht umsonst heißt es:
»Zwei Israelis, drei Meinungen.« Wenn sich überhaupt
etwas verallgemeinernd über »die Israelis« sagen läßt,
dann ist es vielleicht die Feststellung, daß alle Bewohner
dieses Landes größten Wert auf ihre Individualität und
Freiheit legen. Niemand ordnet sich freiwillig unter,
niemand gehorcht. Es bleibt deshalb ein Wunder, wie
die israelische Armee ihre Kriege gewinnen konnte. Die
Erklärung liegt wohl darin, daß die Israelis wußten,
worum sie kämpfen, worum es geht: um ihr Überleben,
um das Überleben ihres Staates.

Im Libanon-Krieg 1982 war das übrigens anders, da
wußten viele nicht, warum die Regierung Begin sie in

diesen Krieg schickte, und daher kam es zu etwas, das wahrscheinlich nur in Israel möglich ist: daß während dieses Krieges Hunderttausende gegen diesen Krieg demonstrierten.

Sie werden in Israel vielen Soldaten begegnen und können daran die Bedeutung erkennen, die die Armee in diesem Land spielt. Sie müssen die Lebensläufe der führenden Persönlichkeiten in Israel – egal ob in Wirtschaft, Politik oder Gesellschaft – nur oberflächlich studieren und werden schnell feststellen, daß eine militärische Karriere keinem geschadet hat. Das Gegenteil ist der Fall: Wer bewiesen hat, daß er in Uniform seinen Mann steht (und das ist wörtlich zu verstehen: die Gleichberechtigung ist Theorie, aber noch lange nicht Praxis in der israelischen Armee), dem stehen nahezu alle Türen offen.

Sobald ein hochrangiger Soldat – etwa der Generalstabschef – sich dem Ruhestand nähert, machen ihm die politischen Parteien Angebote, denen schwer zu widerstehen ist: Bürgermeister einer Großstadt ist das mindeste, was ein solcher Mann werden kann – oder Chef der vom Staat kontrollierten Militärindustrie oder stellvertretender Minister, wenn nicht gleich Minister. Kabinettsitzungen der Arbeitspartei, die besonders viele Generäle in ihren Reihen hat, schließlich war sie lange genug die Israel dominierende Partei, glichen zu manchen Zeiten einer Versammlung des Generalstabes.

Die besondere Nähe von Politik und Militär hängt mit der Geschichte des Staates Israel zusammen, in dem Sicherheitsfragen von Anfang an eine entscheidende Rolle spielten. Da zählt in einer Regierung die Stimme dessen mehr, der militärische Erfahrung vorweisen kann. Was übrigens nicht anders ist, wenn es um Frieden geht. Der ehemalige Generalstabschef Mosche Dajan und der ehemalige Luftwaffenchef Ezer Weizman haben dem Friedensschluß mit Ägypten als Minister der konservativen Regierung Begin gewissermaßen den »militärischen Segen« gegeben. Nach dem Motto, wenn diese beiden militärischen Großexperten – Dajan war immerhin der Held des Sechstagekrieges von 1967 – die Rückgabe des Sinai an Ägypten für militärisch vertretbar halten, dann wird das schon in Ordnung sein.

In jüngerer Zeit ist das nicht viel anders: Die Politik der Versöhnung und des Ausgleichs mit den Palästinensern wurde allein Ytzak Rabin zugetraut, weil ihm – dem Ex-Generalstabschef – die militärische Kompetenz zugesprochen wurde, eventuelle Risiken richtig zu beurteilen. »Wie sollte das ein Zivilist verstehen?« fragt sich jeder Israeli und hat die einfache Antwort: »Gar nicht.« Daß die Armee erheblich an Glanz verloren hat, wozu der nicht erwartete Yom Kippur-Krieg 1973, der Krieg im Libanon 1982 sowie seit 1987 der brutale Einsatz gegen die rebellierende palästinensische Bevölkerung im Westjordanland und Gazastreifen beigetragen haben, ändert nichts an der grundsätzlich positiven Einstellung der Israelis gegenüber dem Militär. Meinungsumfragen belegen diese Tatsache ebenso wie zahlreiche junge Männer, die ihren dreijährigen Pflichtwehrdienst am liebsten in einer der Eliteeinheiten leisten – und am allerliebsten natürlich in der Luftwaffe.

Wehrdienstverweigerung ist eine Seltenheit und wird mit Gefängnis bestraft, nur die ultraorthodoxen Juden, die ihre Tage in Religionsschulen verbringen, und verheiratete Frauen müssen nicht zur Armee (ansonsten sind Frauen zwei Jahre lang dabei, im wesentlichen da, wo es weniger gefährlich ist). Allerdings wird der Wehrdienst – und vor allem der für Männer teilweise bis zum 54. Lebensjahr folgende jährliche Reservedienst – zunehmend als Belastung empfunden.

Die heroischen Zeiten scheinen vorbei, es ist im Israel der neunziger Jahre eine Tendenz zum Hedonismus zu beobachten. Das gute Leben steht höher im Kurs als harte Fron – und der Militärdienst ist letzteres. Beachtlich sind die Zahlen derer, die sich mit sehr erfindungsreichen Ausreden vor dem Reservedienst drücken – so etwas hätte einst fast als Landesverrat gegolten –, und die Klagen über mangelnde Motivation in der Armee nehmen zu. Es ist ein Zeichen der sich verändernden Verhältnisse. Die Israelis sind des ständigen Kampfes müde, die Helden wollen endlich ganz normale Menschen sein. Und genau denen begegnen Sie in den allgegenwärtigen Soldaten – und zwar meistens am Straßenrand, wo sie in ihren lässig aussehenden Uniformen stehen und darauf warten, von einem Autofahrer mitgenommen zu werden.

Es ist völlig ungefährlich, einen Soldaten samt seinem Gewehr mitzunehmen. Als ich einmal in einem Taxi unterwegs war, das an einer Ampel anhielt, riß ein Soldat in Uniform die Beifahrertüre auf und fragte den Taxifahrer, ob er mitfahren könne. Der zeigte nach hinten, wo ich saß, und meinte: »Nein.« Daraufhin setzte sich der Soldat auf den Beifahrersitz, sagte: »Ihr fahrt doch nach Tel Aviv«, was der Taxifahrer nicht verneinen konnte, der zudem anfahren mußte, da die Ampel auf Grün gesprungen war. Der Soldat grinste freundlich nach hinten zu mir, griff sich dann ein Gebetbuch, das der offensichtlich fromme Fahrer neben seinem Sitz liegen hatte, blätterte kurz darin, legte das Buch – so fromm war unser neuer Gast offensichtlich nicht – gelangweilt wieder zur Seite und wandte sich dem Radioprogramm zu. Das eher seichte Gedudel, das uns durch den Verkehr von Tel Aviv begleitete, fand nicht den Beifall des Soldaten. Kurz entschlossen drehte er am Senderwahlknopf und suchte sich eine neue Radiostation, um kurz darauf zu sagen: »An der nächsten Kreuzung muß ich aussteigen«, was er auch tat.

Zurückhaltung gehört nicht zu den Charaktermerkmalen der Israelis, sie zeichnet eher eine manchmal gewöhnungsbedürftige Direktheit aus. Lassen Sie sich davon nicht erschrecken, erstens ist das nicht persönlich gegen Sie gerichtet, und zweitens sind nicht alle Israelis so. Für jeden Israeli gibt es gewissermaßen ein »Gegenbeispiel«.

Israel ist ein »Vielvölkerstaat«. Hier können Sie Gelehrte treffen, die jedem Elfenbeinturm zur Zierde gereichten, südländische Machos am Strand flanieren sehen, deren braungebrannt-muskulöser Oberkörper Sie noch blasser aussehen läßt, als Sie sowieso schon sind, Blondinen beobachten, deren Haarfarbe so unecht aussieht, wie sie vermutlich ist, oder orthodoxe Juden bei größter Hitze in schwarzen Mänteln und mit schwarzen Hüten durch Jerusalem eilen sehen – kurzum: Sollten Sie sich ein Bild von den Israelis gemacht haben, vergessen Sie es am besten und stellen in Israel fest, daß es eine Vielzahl von Bildern gibt.

Das hat natürlich seinen Grund: Israel ist ein Einwanderungsland. Seit mehr als einhundert Jahren kommen Juden aus aller Welt hierher. Daß sie sich wieder im Heiligen Land versammelt haben, nachdem sie zuvor in alle Welt zerstreut und nur wenige Juden im Land der Vorfahren geblieben waren, haben sie der visionären Kraft des Journalisten Theodor Herzl zu verdanken, der Ende des letzten Jahrhunderts die politische Bewegung des Zionismus gründete. Andere Pläne, wie etwa die in Osteuropa verfolgten Juden in Argentinien oder Uganda anzusiedeln, wurden zu den Akten gelegt: Es sollte die Heimkehr nach Zion werden. Die verschiedenen Einwanderungswellen brachten seitdem ganz unterschiedliche Menschen hierher: fromme Juden, denen der Sinn lediglich nach Gebeten stand. Stramme Sozialisten, die eine ideale Gesellschaft aufbauen wollen. Verzweifelte Flüchtlinge, die nur eines wollten: überleben.

Heute bedarf es keiner starken Überzeugungen oder eines Fluchtgrundes mehr. Wer nach Israel will, muß lediglich eine jüdische Mutter nachweisen können. Die Unabhängigkeitserklärung des Staates Israel legt fest, daß Israel allen Juden zur Einwanderung offensteht. Später ist in einem Gesetz definiert worden, wer einwandern darf. Nämlich, wer Kind einer jüdischen Mutter oder zum Judentum übergetreten ist und nicht einer anderen Glaubensgemeinschaft angehört. Familienangehörige, Kinder, Enkel, Ehegatten, genießen ebenfalls das Privileg, nach Israel einwandern zu dürfen. Das führt gelegentlich zu kontroversen Diskussionen darüber, ob tatsächlich alle Neueinwanderer jüdischen Glaubens sind.

Wie auch immer, sie sind aus aller Herren Länder und prägen das Land mit den Traditionen, die sie aus ihrer alten Heimat mitgebracht haben: die deutschstämmigen Juden mit ihrer Pünktlichkeit, die aus Äthiopien gebürtigen mit ihrer höflichen Zurückhaltung, die aus dem

Jemen mit ihrer Musik und ihren Tänzen, die aus Osteuropa eingewanderten mit ihrer weltabgewandten Frömmigkeit. Oft leben aus dem gleichen Land stammende Juden in Israel in bestimmten Ortschaften oder Stadtteilen zusammen. Im Süden von Tel Aviv gibt es ein jemenitisches Viertel. Ein Bummel durch seine Hauptstraße ist gleichsam ein Spaziergang in eine andere Welt: in offenen Backöfen wird am Straßenrand das typische Fladenbrot gebacken und noch ofenwarm verkauft. In manchen, vorwiegend von deutschstämmigen Juden bewohnten Kibbuzim dagegen ist nichts heilig, abgesehen von der »Schlafstunde«, der Mittagsruhe zwischen 14 und 16 Uhr, die zu stören an ein Verbrechen grenzt.

In der Regel, das werden Sie nicht überhören können, ist es mit der Ruhe nicht weit her in Israel. Dies ist ein lautes Land, weil hier Menschen leben, die mit ihrer Meinung nicht hinter dem Berg halten. Diskussionen zwischen Israelis lassen einen immer befürchten, daß es gleich zu Handgreiflichkeiten kommt, weil der Lautstärke der Auseinandersetzung gewöhnlich die theatralische Gestik entspricht.

Doch ist das persönliche Gespräch nur eine von mehreren Kommunikationsmöglichkeiten. Die Israelis neigen dazu, sich den technischen Fortschritt zunutze zu machen. So kommt es, daß ein Funktelefon oder »Handy« heute zur Grundausstattung des modernen Israeli gehört. Ohne ein solches Gerät käme sich ein erfolgsorientierter Israeli amputiert, von der Welt abgenabelt vor. »Das Telefon klingelt, also bin ich«, scheint die Philosophie jener Zeitgenossen zu sein, die ihre Existenzberechtigung an die ständige Erreichbarkeit gekoppelt haben. Im Hinblick auf die Örtlichkeiten, an und auf denen telefoniert werden kann, kennt man offenbar keine Begrenzungen. Die israelische Telefongesellschaft sah sich deshalb gezwungen, in Zeitungsanzeigen darauf hinzuweisen, bei welchen Anlässen man das Handy besser ausschaltet, zum Beispiel in Konzerten. Zugegeben, das klingt übertrieben, ist aber aus dem Leben gegriffen: Wir haben selbst erlebt, daß mitten im Konzert ein Telefon klingelte, das eine Dame, peinlich berührt (doch, das war ihr anzumerken), mit raschem Griff in die Handtasche ausgeschaltet hat. In der Pause aber werden die Funktelefone flugs ausgepackt, schließlich will man seinen Lieben mitteilen, wo man sich gerade aufhält und warum. Die israelischen Krankenhäuser konnten sich gegen die sich unwiderstehlich ausbreitende »Handymanie« nur mit einem Verbot wehren. Weil nicht auszuschließen ist, daß medizinische Geräte gestört werden, muß der kommunikationssüchtige Patient auf das traditionelle Gerät zurückgreifen.

Wundern Sie sich also nicht, wenn jemand zu Ihnen in den Aufzug steigt, der eine Sonnenbrille trägt und ein Telefon ans Ohr preßt, in das er ununterbrochen hineinspricht: Dieser Mensch muß ein Israeli sein. Oder wenn vor Ihnen an der Ampel ein Auto steht, in dem Fahrer und Beifahrer jeweils ein Telefon am Ohr haben und telefonieren – vermutlich nicht miteinander, doch sollte man das nicht grundsätzlich ausschließen. Etwas kompliziert wird es, wenn zu viele Handybesitzer am gleichen Ort vereint sind, es ständig irgendwo klingelt und jede(r) erwartungsvoll zum eigenen Handy greift. Es scheint, was die tragbaren Telefone angeht, vollständige Gleichberechtigung zu herrschen. Für die Damen gibt es schicke, zur Handtasche passende Telefontäschchen, so daß man im Supermarkt, am Strand oder vor dem Kindergarten mit wem auch immer in Verbindung bleiben kann. Über den Inhalt der Telefongespräche kann aus Gründen des Datenschutzes und der Höflichkeit nur soviel gesagt werden: Ihre Zahl und Dauer steht in keinem Verhältnis zu ihrer Bedeutung.

Die breite Streuung der Geräte hat natürlich ihre Vorteile, sogar für Touristen: Wo auch immer Sie unterwegs sind, finden Sie jemanden, der ein Telefon bei sich hat, sollten Sie in einem Notfall oder aus weniger dringenden Gründen einmal schnell telefonieren wollen. Ansonsten können Sie sich auf jedem Postamt eine Telefonkarte kaufen und öffentliche Telefonzellen benutzen, in denen Sie sich auch anrufen lassen können. Die Telefonzellen, für die Sie spezielle Telefonmünzen brauchen, werden langsam aus dem Verkehr gezogen.

Sollten Sie den erhöhten Geräuschpegel in Israel – woran nicht allein die vielen Telefongespräche schuld sind – als eine Art akustische Umweltverschmutzung empfinden, so lassen Sie sich gleich gesagt sein, daß es mit dem Schutz der Umwelt nicht weit her ist in diesem Land. Noch nicht. Das soll sich ändern, gibt es doch seit Anfang der neunziger Jahre ein eigenes Umweltministerium. Trotzdem: Nach europäischem Standard ist Israel umweltpolitisch ein Entwicklungsland. Das können Sie, müssen Sie aber nicht, gleich beim Anflug auf den Ben-Gurion-Flughafen beobachten, sie schweben nämlich über einen Berg, der gigantischen Müllkippe von Tel Aviv, ein. Hier wird weggeworfen, was andernorts längst sortiert, gesammelt und recycelt wird. Entsprechend schnell wachsen die Müllberge, die zu reduzieren erklärtes Ziel der israelischen Umweltpolitik ist.

Es genügt, ein paar Kleinigkeiten im Supermarkt zu kaufen, um dies festzustellen. Da wird der Käse erst in Klarsichtfolie oder Papier gepackt, dann in eine kleine und anschließend mit den weiteren Käsesorten in eine große Plastiktüte gesteckt. Selbstverständlich erhalten Sie an der Kasse – umsonst, schließlich ist der Einkauf teuer genug – eine oder mehrere Plastiktüten, um alles einzupacken. Zu Hause können Sie dann Ihre umfangreiche Tütensammlung wegwerfen – und dazu leere Plastikflaschen, Bierdosen und Weinflaschen. Sie befinden sich in einer »Wegwerfgesellschaft« und müssen nicht lange nachdenken und sortieren, denn alles landet in der gleichen Mülltonne. Immerhin gibt es bereits Altpapiercontainer, und Altglas soll auch gesammelt werden.

Die umweltpolitische »Rückständigkeit« ist deswegen erstaunlich, weil auf der anderen Seite schon seit Jahrzehnten die Sonnenenergie (wie auch die Kernenergie, aber das ist ein eigenes, heutzutage nicht mehr ganz so strenggeheimes Kapitel der israelischen Militärindustrie) genutzt wird: Auf jedem Haus sind Sonnenkollektoren zu sehen und Wasserbehälter, in denen das Wasser aufgeheizt wird. Für warmes Wasser sorgt fast ganzjährig die Sonne. Wenn die mal, was im Winter gelegentlich vorkommt, nicht scheint, dann genügt ein Knopfdruck, und das Wasser wird elektrisch aufgeheizt.

Wasser hingegen ist Mangelware in Israel, wird aber nicht so behandelt. In regelmäßigen Abständen flammt nach einem besonders regenarmen Winter die Debatte darüber auf, wie dem chronischen Wassermangel abgeholfen werden kann. Die diskutierten Vorschläge reichen von »Nur noch zu zweit duschen« bis zu »Kein Wasser mehr für die Landwirtschaft«. Beides ist nicht völlig aus der Luft gegriffen: In Israel läßt jedermann das Wasser sorglos aus den Hähnen und Duschen fließen, als sei es im Überfluß vorhanden, und die Landwirtschaft verbraucht zwei Drittel des Wassers (zu subventionierten Preisen), trägt aber nicht einmal drei Prozent zum Bruttosozialprodukt bei. Immerhin hat das Umweltministerium begonnen, die Flüsse des Landes, die im Laufe der Jahrzehnte zu stinkenden Abwasserkanälen verkommen sind, wieder zu reinigen, und auch die Einstellung der Israelis ändert sich langsam.

Jedenfalls kann man immer wieder von Israelis, die von einem Urlaub aus Europa zurückkehren, die erfreute Feststellung hören, wie sauber es dort sei, und zugleich die Klage, wie schmutzig es im Vergleich dazu im eigenen Land aussehe. Das ist fein beobachtet. Der Umgang der Israelis mit der Natur ist, um es zurückhaltend zu formulieren, nachlässig. Daran ändern großangelegte Aufräumaktionen nichts, wenn Schulklassen unter medienwirksamer Begleitung des Umweltministers einen Tag lang die Mittelmeerstrände säubern und beseitigen, was ihre Landsleute achtlos haben fallenlassen. Erstens ist an einem Tag gar nicht wegzuräumen, was Tausende von Israelis während der langen Sommerferien an den Sandstränden hinterlassen haben, und zweitens gäbe es durchaus noch mehr Plätze, denen eine Aufräumaktion gut täte.

Die Überreste der israelischen Wegwerfgesellschaft landen nicht nur unsortiert in der Mülltonne, sondern auch überall dort, wo sich Israelis in der Freizeit aufhalten. Da Israel ein kleines Land ist, gibt es eigentlich kein Fleckchen Erde, das nicht an Feiertagen oder Wochenenden überlaufen wäre oder besser: überfahren. Denn zunächst einmal setzen sich die Israelis in ihre Autos, so daß es am Freitagnachmittag und am Samstagabend regelmäßig zu Staus kommt. Im Frühling sind die Naturparks besonders beliebt, wenn sich buchstäblich Tausende auf den Weg machen, etwa die Irisblüte zu beobachten. Auch Wasserfälle, die später im Jahr versiegen, gehören zu den Attraktionen. Es gibt eine Art »Naturtourismus«, der die Natur fast schon wieder gefährdet, weil die wenigen Wochen, in denen sich Israels Landschaft in einem grünen Gewand zeigt, intensiv zu Ausflügen genutzt werden. Rund um den See Genezareth reiht sich dann auf der einen Seite der Straße Auto an Auto und auf der anderen Grill an Grill.

In den letzten Jahren sind zudem zwei »Sportarten« populär geworden: Auf dem Mittelmeer wird auf Wassermotorrädern vor der Küste auf und ab gefahren, bis der Benzintank leer und der letzte Schwimmer vertrieben ist, während man jenseits der Straßen die Mobilität mit kleinen Traktoren pflegt, die aussehen wie Motorräder mit vier Rädern und dazu benutzt werden, dort zu fahren, wo man normalerweise nicht fährt und bestenfalls Wanderer vertreibt. Die Wassermotorräder sind wie die Geländemotorräder laut, stinken und sind nicht ungefährlich: Das macht ihren Reiz aus, deshalb sind sie »in«. Um typische Ausflugsziele sollten Sie also am Samstag und an Feiertagen einen Bogen machen. Sie sehen nichts außer einer Ansammlung Israelis, die dasselbe sehen wollen wie Sie.

Das Wochenende ist kurz in Israel, es beginnt am Freitagmittag und endet bereits Samstagabend, so daß sich ein Großteil der Freizeitaktivitäten der Israelis auf jene eineinhalb Tage konzentriert. Der wöchentliche Feiertag ist der Shabbat, also der Samstag und nicht der Sonntag. Allerdings beginnen nach jüdischer Tradition alle Feiertage bereits am Vorabend. Das Shabbatmahl wird demzufolge am Freitagabend eingenommen. Deshalb markiert der Freitagnachmittag den Start ins Wochenende, die Stadtzentren leeren sich, verwandeln sich in Oasen der Ruhe. Im Gegenzug füllen sich die Hotels mit Israelis und werden, zumal immer und überall Kinder dabei sind, zum turbulenten Tummelplatz. Sie müssen erlebt haben, wie die Kleinen in der Lobby eines vornehmen Hotels über die Polstermöbel turnen, um zu begreifen, in welch kinderfreundlicher, ja kinderliebender Gesellschaft Sie sich befinden.

Einzelkinder sind eine Seltenheit, das beweisen der Augenschein wie die Statistik, die besagt, daß eine jüdische Familie im Durchschnitt 2,61 Kinder hat, eine christliche 2,03, eine drusische 3,76 und eine moslemische 4,68 (Zahlen von 1995). Da in der Hälfte aller israelischen Familien Vater und Mutter einem Beruf nachgehen, ist das Land flächendeckend mit Krippen und Kindergärten überzogen, schließlich endet der (staatlich finanzierte) Mutterschaftsurlaub nach drei Monaten.

Arbeit und Familienleben unter einen Hut zu bringen ist nicht einfach und führt dazu, daß israelische Ehepaare ständig damit beschäftigt sind zu klären, wer wann und wo die Kinder abholt oder abliefert. Ein besonderes Problem sind die langen Sommerferien: Was tun mit dem Nachwuchs, solange man arbeiten muß und maximal zwei Wochen Urlaub machen kann? Die Lösung heißt Sommerlager; sie bieten den Kindern während der Ferien von morgens bis zum Nachmittag Sport und Spiele. Das israelische Familienleben ist gekennzeichnet von einem gewissen Streßfaktor, und dennoch: Wo Deutsche ihre Kinder mehr oder minder streng zur Ordnung rufen, denkt ein israelischer Vater oder eine israelische Mutter gar nicht daran, sich unentwegt mit den Kindern zu beschäftigen. »Sie werden schon wissen, was sie tun, und wenn nicht, werden sie es merken«, läßt sich diese auf die Eigenständigkeit der Kinder vertrauende Einstellung zusammenfassen. Wir haben dies selbst in einem Krankenhaus erlebt, als unsere damals zweijährige Tochter Johanna einen Kinderplastikstuhl voller Wut in die Ecke warf. Unsere vermutlich für Deutsche typische Reaktion: »Hör sofort auf damit, wie kannst du nur, benimm dich«, veranlaßte eine Krankenschwester zu einer Lektion: »Laßt sie doch, sie kann den Stuhl ruhig werfen, nichts ist passiert, es ist schlimm genug, daß Johanna hier sein muß.«

Kinder sind in Israel einfach die Chefs oder die Chefinnen in der Familie, wobei Chefs durchaus im Vorteil sind, denn der männliche Nachwuchs ist nun einmal wichtiger. Das hat zum Teil – bei orthodoxen Juden – religiöse Gründe, liegt zum anderen Teil aber daran, daß jenseits religiöser Einflüsse Israel einfach eine patriarchalische Gesellschaft ist. Daran ändern auch die sozialistischen Ideen nichts, mit denen die Gründerväter (!) dieses Staates einst angetreten sind. Noch 1994 konnte Staatspräsident Ezer Weizman einer jungen Frau, die zur Luftwaffe wollte, ins Gesicht sagen: »Mädele, Männer stricken doch auch keine Socken.« Es ist anzunehmen, daß die (männliche, nicht strickende) Mehrheit der Israelis ihrem populären Präsidenten stillschweigend zustimmt. Ach was, nicht stillschweigend, lautstark!

Vielleicht könnte man es so sagen: Israel, das ist Italien

mit anderen Mitteln. Südländisch und orientalisch, laut und liebenswert, geprägt vom mediterranen Klima ebenso wie von der Last der Geschichte, emotional und sprunghaft. Israel – das ist ein ständiges Wechselbad der Gefühle. Die Stimmung unterliegt großen Schwankungen, was fehlt, ist das gleichmäßig ruhige Mittelmaß, hier geht es ständig auf und ab, auf Begeisterung folgt Entsetzen und umgekehrt. Seit Jahren schon sagen die Israelis, in ihrem Land gebe es keine einzige ruhige Minute, und die Werber im Tourismusministerium vermarkteten diesen Umstand zu dem griffigen Slogan: *Never a dull moment* – Keinen Augenblick der Langeweile. Das mag für Touristen ganz aufregend sein und vielleicht sogar anziehend, für die Israelis ist es schlicht ermüdend. Der israelische Schriftsteller Amos Oz, der seine Landsleute wie kaum ein zweiter kennt und in seinen Büchern beschreibt, meint: »Alle gehören ganz offensichtlich zu ein und demselben Stamm, der ausnahmslos unter ständigem Schlafmangel zu leiden scheint.«[1] Deswegen sind die Schlafzeiten heilig und ist es ausgesprochen unhöflich, jemanden zwischen 14 und 16 Uhr zu Hause anzurufen.

Dafür kann es Ihnen passieren, daß Sie zum Abendessen eingeladen werden mit dem Hinweis, doch bitte nicht vor 21 Uhr 30 zu erscheinen. Das sollten Sie beherzigen. Falls Sie nach guter deutscher Manier pünktlich eintreffen, sind Sie mit Ihren Gastgebern fürs erste unter sich und können gemeinsam mit ihnen auf die weiteren Gäste warten, die entschuldigende Erklärungen erst abgeben, wenn die Verspätung eine Stunde übersteigt. Wir hatten einmal als nichtsahnende Neuankömmlinge in Israel zwei israelische Ehepaare zum Abendessen eingeladen. Daß wir zu der von uns vorgeschlagenen Zeit hungrig waren, sollte sich als unvorteilhaft erweisen. Als wir nach einer dreiviertel Stunde des Wartens langsam unruhig und zunehmend hungrig wurden und das Warmhalten des Essens immer schwieriger wurde, kam das erste Ehepaar und wunderte sich über uns. Mit Recht. Umgekehrt ist unser Freund Menashe schon einmal einen Abend zu früh gekommen.

Zeitangaben sind unverbindliche Orientierungspunkte im Fluß des Lebens, von dem keiner so genau weiß, welchen Weg es nimmt. Langfristige Planungen sind deshalb die Sache der Israelis nicht, hier wird kurzfristig und sprunghaft entschieden. Im November schon zu wissen, was man am 24. Dezember machen wird, empfinden Israelis als ebenso beeindruckendes wie erschreckendes Beispiel für deutsche Gründlichkeit. Die Kunst des Improvisierens genießt hierzulande ungleich höhere Wertschätzung. Wenn Sie der Anruf von israelischen Freunden, die Ihnen am Freitagabend mitteilen, daß sie – immerhin eine fünfköpfige Familie – am Samstagmittag vorbeikommen wollen (»aber nur auf eine Tasse Kaffee«), nicht aus dem Gleichgewicht wirft und Sie statt dessen fragen: »Wie wäre es mit einer Grillparty, wir laden noch ein paar andere Freunde ein?«, dann können Sie mit einem anerkennenden »Ihr seid ja schon Israelis« rechnen. Es ist Ihnen nämlich zweierlei gelungen: auf eine Überraschung schnell zu reagieren, noch dazu richtig.

Ein transportabler Grill gehört zur Grundausstattung jedes israelischen Haushalts, und ein Sommerausflug wird erst schön mit verkohlten Steaks und nach Holzkohle riechenden Hemden. Traditionellerweise wird die

Grillsaison im Frühjahr eröffnet, und zwar am israelischen Unabhängigkeitstag. An diesem Tag fällt es einem leicht, zum Vegetarier zu werden, denn ganz Israel riecht nach verbranntem Fleisch. Jede verfügbare Wiese wird zum Picknickplatz, man hat das Gefühl, das ganze Land brenne, denn überall steigt Rauch auf – und wo nicht, da ist ein Familienvater verzweifelt bemüht, seine Holzkohle in Brand zu setzen, während die Kinder sich beklagen, daß es nebenan schon etwas zu essen gebe.

Sollten Sie von Israelis zum Essen eingeladen werden, so können Sie getrost am Tag zuvor eine kleine Hungerkur einlegen, es wird Ihnen nämlich unterstellt, daß Sie verhungert sind und sich dringend einmal satt essen müssen. Um so besser, wenn Sie wirklich Hunger haben, andernfalls kann es peinlich werden, obwohl die Hemdsärmeligkeit der Israelis es zu richtigen Peinlichkeiten eigentlich nie kommen läßt. Eine Einladung bei Israelis können Sie getrost annehmen. Wer Sie nicht sehen will, wird Sie nicht einladen. Höfliche Floskeln kennen die Israelis nicht, und wenn Sie erst einmal mit am Tisch sitzen, sind Sie Teil der Familie: Sie dürfen beim Auftragen des Essens, beim Abräumen des Tisches sowie beim Abwasch helfen. Eine Einladung zum Essen ist stets eine fröhliche Party, die knapp am Chaos vorbeigeht. Man weiß nie, wer alles dabeisein wird: Manche kommen überhaupt nicht, andere später, und wieder andere sind gar nicht eingeladen und kommen trotzdem.

Bei unseren Freunden Viki und Rebecca ist die Türe stets offen, die Nachbarn stehen dann plötzlich mit in der Küche und helfen beim Vorbereiten des Essens. Dabei geht es laut und lustig zu, die Kinder turnen durch die Küche, schreien nach Getränken, das Telefon klingelt, und im Zweifelsfall läuft noch der Fernseher, weil die älteste Tochter unbedingt eine bestimmte Serie sehen will.

Ein festliches Dinner kann ein Abendessen bei Israelis nicht genannt werden, wohl aber fröhliches Beisammensein. Mitbringen können Sie nahezu alles: zwei Freunde, die Sie zufällig getroffen haben, ebenso wie einen Blumenstrauß. Bei Geschenken gibt es nach oben keine Grenze, im Gegenteil: je größer, desto besser. Lassen Sie sich nicht lumpen und nehmen Sie den größeren Blumenstrauß oder die voluminösere Pralinenschachtel. Beides wird von Israelis gerne verschenkt, und deshalb können Sie mit einem solchen Mitbringsel nicht falsch liegen.

Natürlich müssen Sie wissen, wer Sie einlädt, um zu vermeiden, daß Sie das panierte Stück Fleisch auf Ihrem Teller zu der gutgemeinten Fehleinschätzung verleitet: »Schweineschnitzel, das mag ich besonders gerne, wie aufmerksam.« Ist die Antwort betretenes Schweigen, so wissen Sie, daß Sie sich in einem orthodoxen Haushalt befinden – oder aber bei israelischen Arabern. In beiden Fällen ist Schweinefleisch tabu, und in einem orthodoxen Haushalt fragen Sie nach einem Fleischgericht zudem besser nicht nach Milch zu dem jedes Essen abschließenden Kaffee. Auch das lassen die religiösen Speisevorschriften nicht zu. Sie können jedoch mit einem Kaffeeweißer vorliebnehmen, der das genannte Problem elegant löst.

Sobald der Kaffee auf den Tisch kommt, sollten Sie wissen, daß es Zeit wird zu gehen. Jetzt die Beine auszustrecken und gemütlich in die Nacht hinein zu plaudern, wäre unhöflich. Der Israeli hält sich mit dem Kaffee für den Nachhauseweg wach, den er antritt, nachdem die Tasse geleert ist.

Um noch einmal auf das Fleisch zurückzukommen: Gehen Sie getrost davon aus, daß es sich in der Regel um Hühnchen handelt (es gibt da eine gewisse Überproduktion, an deren Reduzierung Touristen gerne beteiligt werden) oder aber um Rindfleisch. Wenn Schweinefleisch auf dem Teller landen sollte, würde Ihnen das mit gebührendem Stolz klargemacht. Es gibt nämlich regelrechte »Schweinefleisch-Ausflüge« zu einem Kibbuz im Norden Israels, der alle Wurst- und Fleischwaren produziert, die sich aus Schweinernem herstellen lassen. Am Wochenende, also am Shabbat, herrscht dort ein Andrang wie in Deutschland beim Sommerschlußverkauf an den Wühltischen der Kaufhäuser. Es kann nicht nur an der wirklich guten Qualität der verkauften Waren liegen – wenn man einmal davon absieht, daß im Restaurant, das zu dem Laden gehört, die Abfertigung der hungrigen Kunden dem Stil einer Mensa entspricht und die Teller aus Plastik sind –, es ist der Reiz des Besonderen, der Israelis Ausflüge zu einer Metzgerei unternehmen läßt.

Man muß sich das einmal klarmachen: Da fahren in einem Staat, der sich ja selbst jüdisch nennt, an einem jüdischen Feiertag, den zu befolgen bedeutet, daß man nicht Auto fährt, sondern bestenfalls zur Synagoge läuft und wieder nach Hause, da fahren am Shabbat Hunderte von Israelis zu einem Kibbuz, wo an diesem Feiertag nicht nur in Zuwiderhandlung der religiösen Vorschriften gearbeitet, sondern obendrein das von der Religion abgelehnte Schweinefleisch verkauft wird – und niemand stört sich daran. Gleichzeitig wird in den Vierteln der orthodoxen Juden der Shabbat peinlich genau eingehalten, und in arabischen Ortschaften herrscht Alltagstreiben. Das ist, zugegebenermaßen, ein bißchen kompliziert, aber so ist Israel, und so sind die Israelis.

»Himmel und Hölle« –
Jerusalem und Tel Aviv

*T*el Aviv ist das Leben. Jerusalem ist die Hoffnung darauf. Diese beiden Städte, so gegensätzlich sie auch sind, machen erst zusammen Israel aus. Lassen Sie sich deshalb nicht einreden, daß man bei einem Israel-Aufenthalt Tel Aviv links liegen lassen könne. Wer eine Reise ins »Heilige Land« bucht, mag das tun, wer Israel kennenlernen möchte, muß ein paar Tage und Nächte in der Metropole am Mittelmeer verbringen. Natürlich führt an Jerusalem kein Weg vorbei, ja vielleicht führt sogar der Weg in den Himmel über Jerusalem, doch das Diesseits in allen seinen Farben und Ausformungen ist in Tel Aviv zu Hause, von wo aus – um im Bild zu bleiben – vermutlich der Weg in die Hölle kürzer ist.

Jerusalem macht es dem Besucher leicht, beeindruckt zu sein. Wer vor der Mauer um die Altstadt steht, durch die engen Gassen dieses historischen Viertels schlendert, die goldene Kuppel des Felsendomes über der Klagemauer glänzen sieht, in der Grabeskirche nach Orientierung sucht, der kann sich der geschichtsmächtigen Faszination dieser Stadt nicht entziehen. Hier weht der Atem der Geschichte und mischt sich mit dem Geruch der Gewürze auf dem Basar in der Altstadt.

Manchen wirft diese Überdosis an Historie freilich um. Es gibt eine Klinik in Jerusalem, die Touristen aus aller Welt behandelt, die dem sogenannten »Jerusalem-Syndrom« erlegen sind. Diese Krankheit äußert sich in einer plötzlichen Veränderung der Persönlichkeit. Harmlose Touristen werden von einem Moment zum anderen zu nicht weniger harmlosen, aber auffälligen »Heiligen«: Manche glauben Jesus zu sein, andere fühlen sich zum Prediger berufen und laufen nur noch barfuß durch die Stadt. Bemerkenswert ist, daß schon viele Christen und Juden das »Jerusalem-Syndrom« entwikkelt haben, bislang jedoch kein einziger Moslem. Eine Erklärung dafür haben die Ärzte nicht gefunden.

Ein »Tel-Aviv-Syndrom« ist interessanterweise wissenschaftlich noch nicht erforscht, es kann aber vermutet werden, daß diejenigen, die dieser Krankheit erliegen, nicht in einer Klinik landen, sondern in einer Kneipe. Die Zahl der Kneipen, Restaurants und Pubs in Tel Aviv nämlich dürfte etwa der Zahl der Synagogen, Moscheen und Kirchen in Jerusalem entsprechen. Das auf Sand gebaute Tel Aviv hält sich viel auf seine Jugendlichkeit zugute, während das auf kargen Bergen errichtete Jerusalem mit seinen Jahrtausenden protzt. Und wie das so ist bei einem dermaßen unterschiedlichen Geschwisterpaar: Die beiden können einander nicht leiden und gehören doch zusammen.

Wer in Tel Aviv lebt, blickt auf die Bewohner von Jerusalem herab, obwohl die oben auf dem Berg wohnen. Für einen echten Tel Aviver hört hinter der Grenze seiner Stadt die Kultur auf, ist Jerusalem tiefste Provinz, wo es auf die Frage nach einem guten Restaurant nur eine Antwort gibt: »Das liegt siebzig Kilometer weiter westlich, in Tel Aviv.« Logisch, wo sonst. Tel Aviv hält sich für den Nabel der Welt. Hier glaubt man besser als jeder Italiener zu wissen, wie man Espresso zubereitet, und besser als jeder Amerikaner, wie eine amerikanische Bar aussehen sollte.

Falls Sie es noch nicht gemerkt haben: Tel Aviv liegt voll im Trend. Das Schlimmste, was einem professionellen Tel Aviver passieren könnte, aber zum Glück nie passiert: den gerade aktuellen Trend zu verpassen. Nichts wäre peinlicher, als in einem Lokal zu sitzen, das seit 14 Tagen nicht mehr »in« ist. Um auf dem laufenden zu bleiben, bedarf es freilich einer gewissen Flexibilität, denn nach nicht nachvollziehbaren Gesetzen sind Lokale, die gestern noch »in« waren, heute schon »out«.

Diese Flexibilität jedoch ist dem Tel Aviver, wie (fast) jedem Israeli, zu eigen. Und sie ist notwendig in einer Stadt, die von sich behauptet, keine Pause zu machen. In der Tat kann man den Eindruck einer gewissen Atemlosigkeit im Leben von Tel Aviv gewinnen. Nur nichts verpassen, nur nichts auslassen – das scheint die Devise zu sein. Hier geht die Post ab, und das stündlich, wenn sie nicht gerade im Stau steckenbleibt.

Das Verkehrschaos von Tel Aviv ist sprichwörtlich, und die Parkplatznot veranlaßte den damaligen Bürgermeister von Tel Aviv, den aus Berlin stammenden Shlomo Lahat, vor dem Golfkrieg 1991 zu der spöttischen Bemerkung: »Eine Rakete aus dem Irak fliegt vielleicht in drei Minuten bis Tel Aviv, aber dann braucht sie eine Stunde, bis sie einen Parkplatz gefunden hat.« So lustig war es dann doch nicht im Golfkrieg, in dem viele Tel Aviver wegen der Raketen aus dem Irak und zum Ärger von Shlomo Lahat ihre Stadt verlassen haben, aber der Spruch des Bürgermeisters zeigt sehr schön das vorherrschende Lebensgefühl von Tel Aviv: frech und ein bißchen arrogant. Sollen sich doch andere Sorgen machen, wir machen Geschäfte und genießen das Leben.

Tel Aviv ist nun einmal das wirtschaftliche und kulturelle Zentrum von Israel: Hier ist die Börse zu Hause, hier spielen die israelischen Philharmoniker, hier residieren Unternehmen, hier treten Popstars aus aller Welt auf. Außerdem befindet sich in Tel Aviv das wichtigste Ministerium, das der Verteidigung selbstverständlich, welches andere könnte das sein in Israel, und hier erscheinen – abgesehen von der englischsprachigen *Jerusalem Post* – die Zeitungen des Landes. Internationale Modefirmen und Restaurantketten eröffnen Filialen selbstverständlich in Tel Aviv, weil sie hier ihr »trendiges« Publikum finden. Alles, was auf dem elektronischen Sektor, auf dem Israel zur Weltspitze gehört, von Bedeutung ist, wird im Großraum Tel Aviv entwickelt. Israels Privatkonzerne, die auf dem Weg sind, die Macht der Staatskonzerne zu übernehmen, residieren mit ihren Zentralen in Tel Aviv und treiben die Mietpreise für Büroräume in bestimmten, als fein geltenden Gegenden in astronomische Höhen. In Israel ist zu beobachten, was die »Privatisierung« von staatlich kontrollierten Unternehmen in negativem Sinne bedeutet, nämlich die Zusammenballung wirtschaftlicher Macht in wenigen Händen, die von den Medien bis zur chemischen Industrie Macht und Einfluß haben.

Auch das Wohnen ist in Tel Aviv kein preiswertes Vergnügen. In dieser Hinsicht ist die Mittelmeermetropole im internationalen Vergleich tatsächlich Spitze. Miet- wie Eigentumswohnungen sind unverschämt teuer, dennoch wird in Israel überwiegend in Eigentumswohnungen gewohnt. Wer sich bei seiner Hochzeit noch nicht gehörig verschuldet hat, tut das im Regelfall anschließend beim Kauf einer Wohnung. Der einzige Trost: Wertsteigerung ist inbegriffen, denn die Immobilienpreise sind – speziell in Tel Aviv, aber nicht nur da – in den letzten Jahren in schwindelnde Höhen gestiegen.

Die Qualität der Wohnungen hält da nicht immer mit. Selbst in besten Lagen muß man damit rechnen, daß es in einem regnerischen Winter durch das Dach tropft. Israelische Handwerker scheinen nach dem Motto »Nur nichts zu genau nehmen« zu arbeiten. Die Folgen spürt dann der Bewohner einer solchen Wohnung, weil dort etwas klemmt und da etwas nicht paßt. Nicht, daß der Pfusch am Bau böse Absicht wäre, nein, es ist einfach eine gewisse Nachlässigkeit, der jedes Streben nach Perfektion abgeht. Wozu nach einem Schraubenzieher fahnden, wenn die Schraube auch mit einem Hammer in die richtige Stellung gebracht werden kann? In dieser Hinsicht, das sei tröstend zugestanden, unterscheiden sich Tel Aviv und Jerusalem nicht.

Das hektische, nervöse, mediterrane Tel Aviv ist das Nervenzentrum des Staates Israel, dessen Herz in Jerusalem schlägt. Das milde Mittelmeerklima von Tel Aviv nimmt zudem dem Konflikt mit den Palästinensern die Schärfe, mit der dieser in und wegen Jerusalem ausgetragen wird. Zu den schlimmsten Zeiten des Palästinenseraufstandes Intifada Ende der achtziger Jahre schien Tel Aviv auf einem anderen Planeten zu liegen. Das Westjordanland, wo Steine flogen und scharf geschossen wurde, ist keine dreißig Kilometer und doch Welten entfernt von Tel Aviv.

Um so größer ist die Verwirrung, wenn Tel Aviv

aus seinem selbstverliebten Tanz gerissen wird, wie etwa im Oktober 1994, als ein palästinensischer Terrorist sich und 22 Menschen in einem Bus mitten in der Stadt in die Luft sprengte. Ein solch mörderischer Anschlag würde überall lähmendes Entsetzen auslösen, doch in Tel Aviv mischt sich das mit ungläubigem Staunen darüber, daß man auch in dieser so lebenslustigen, lebensbejahenden Stadt Opfer eines derartigen Verbrechens werden kann. Und am Abend geht das Leben weiter, als sei nichts geschehen. Da werden keine Konzerte abgesagt, bleibt keine Disco geschlossen, findet jede zufällig für diesen Abend geplante Party statt. Das ist eine sehr israelische Art des Umganges mit Terroranschlägen, die sich aus der Geschichte dieses Landes erklärt und nichts anderes ist als der Versuch, soviel Normalität wie irgend möglich auch unter allen anderen als normalen Umständen zu bewahren.

Das war freilich nicht mehr möglich nach dem Mord an Premierminister Ytzak Rabin im November 1995. Daß ihn ein israelischer Extremist nach einer Friedenskundgebung in Tel Aviv erschossen hat, sprengte nicht nur die Vorstellungskraft der Tel Aviver, sondern nahezu aller Israelis. Eine Woche lang befand sich Israel in kollektiver Trauer wie in Trance. Niemand, offensichtlich auch niemand im sonst so selbstgewissen und gefürchteten Geheimdienst, hatte ein solches Verbrechen für möglich gehalten. Daß ein Palästinenser, ein islamischer Fundamentalist, einen Anschlag auf den israelischen Premierminister verübte, das war vorstellbar, aber ein Israeli, ein Jude... undenkbar. Doch genau das war am 4. November 1995 passiert. Die millionenfache Trauer um den ermordeten Premier war auch Trauer um die verlorengegangene »Unschuld« Israels. Wenn das möglich war, dann war von jetzt an alles möglich.

Dabei ist die relativ kurze Geschichte des Staates Israel mit einer relativ großen Anzahl terroristischer Anschläge verbunden. Wer durchs Land fährt, kann dies sehen: Allerorts erinnern Gedenktafeln und Mahnmale an Anschläge, sichtbare Spuren des Kampfes zwischen Israelis und Palästinensern um das kleine Stück Land zwischen Mittelmeer und Jordan. Die tiefen Spuren in den Seelen der Menschen – die sieht man nicht, die spürt man nur gelegentlich. Doch von Anfang an waren die Israelis entschlossen, der ständigen Bedrohung zum Trotz ein normales Leben zu führen. Nichts sollte diesen Staat davon abhalten zu funktionieren. Nichts sollte die Menschen daran hindern, weiter ihren Geschäften nachzugehen und auch ihren Vergnügungen. Diese Haltung wirkt auf den ersten Blick vielleicht herzlos, ist aber möglicherweise schwerer zu bewahren, als sich in Trauer zurückzuziehen.

Deshalb wird getanzt, auch wenn man sich auf schwankendem Boden befindet, deshalb nennt sich Tel Aviv demonstrativ die »Stadt ohne Pause«. Wenn die ersten Frühaufsteher auf dem Weg zum Strand sind, um – wie das einige tatsächlich täglich tun – im Mittelmeer zu schwimmen, verlassen die letzten Nachtschwärmer gerade die Lokale. Diese Vielfalt macht den Reiz von Tel Aviv aus. Hier leben nicht nur die Trendbewußten, Tel Aviv hat auch – noch – Platz für diejenigen, die sich darum nicht kümmern wollen oder können. Natürlich, es findet ein Verdrängungswettbewerb statt, aber noch fahren durch Tel Aviv Eselskarren, auf denen Altmetall eingesammelt wird, ist die neue glitzernde Fassade der

Stadt durchsetzt mit verfallenden Bauten aus der Gründerzeit, die – das sei Kennern gesagt – durchaus von architektonischem Reiz sind, denn hier hat zum Beispiel das »Bauhaus« seine Spuren hinterlassen. Das ist besonders schön im Süden von Tel Aviv zu beobachten. Dort trifft sich am Freitagmittag zum Ausklang der Woche in der Fußgängerzone Nahalat Binyamin das modische Publikum, um den von Künstlern entlang der Straße angebotenen Modeschmuck und sich selbst zu bewundern.

Nur wenige Meter davon entfernt geht es auf dem Carmel-Markt, wo neben Obst und Gemüse noch allerhand billiger Tand angeboten wird, weitaus derber zu. Schließlich wollen die Händler ihre Ware vor dem Wochenende loswerden und schreien sich entsprechend die Seele aus dem Leib. Wenn Sie Erbarmen haben und die schönen Tomaten vor Ihrer Nase kaufen wollen, dann sollten Sie aufpassen, daß Ihnen die auch eingepackt werden und nicht die schon etwas schlechteren, die der Händler unauffällig unter dem Tisch hervorholt und Ihnen andrehen will. Nicht nur der Ton, auch die Sitten sind rauh auf dem Carmel-Markt. Da hilft nur eines: sich nicht einschüchtern lassen und darauf bestehen, das zu bekommen, was man will. Die Israelis wissen damit umzugehen, da müssen Sie keinesfalls ein schlechtes Gewissen haben.

Noch etwas weiter südlich, in Yafo, von dem alle Touristen wie magisch angezogen werden und dessen Zentrum wirklich ansprechend restauriert ist, befinden sich die Araber auf dem Rückzug. Jaffa, wie die Araber sagen, war ja einst eine arabische Hafenstadt – das Joppe der Bibel –, doch das viel später gegründete Tel Aviv, zu dem Yafo heute ganz offiziell gehört, verdrängt mit luxussanierten Wohnungen und Häusern die alte palästinensische Bevölkerung, die – soweit sie nicht 1948 geflohen ist – sich den Lebensstil der jungen Reichen nicht leisten kann.

Der Zusammenstoß zweier Kulturen, die in Yafo in gewisser Weise einen Modus vivendi gefunden haben, wofür ein über die nähere Umgebung hinaus berühmter arabischer Bäcker ein schönes Beispiel ist, bei dem Christen, Moslems und Juden einträchtig, wenn auch drängelnd ganzjährig Schlange stehen, als gäbe es nirgendwo sonst in Israel Brot (und das nicht nur an Pessach, wenn Israel tatsächlich weitgehend eine brotfreie Zone ist), dieser Zusammenstoß der Kulturen wird heute überlagert von einem wirtschaftlichen Verdrängungswettbewerb, in dem die Palästinenser aus ökonomischen Gründen keine Chance haben. Mit »Handy« und vom Cabrio aus verwalten die jungen Reichen, häufig Söhne und Töchter von Eltern, deren Besitz – seien es alteingesessene Firmen oder Grundbesitz, wie Häuser und Wohnungen – oder das in der in jüngster Zeit schnell wachsenden israelischen Wirtschaft selbst erarbeitete Vermögen. Wer Geld und gute Nerven hat, spekuliert an der Börse. Börsengewinne nämlich werden in Israel nicht besteuert. Eine eigentlich »linke« Regierung unter Führung der Arbeitspartei, die schließlich zur Sozialistischen Internationale gehört, hat Anfang der neunziger Jahre in einem Anfall von politischem Übermut versucht, eine Besteuerung der Börsengewinne durchzusetzen. Doch als sie den publizistischen Sturm spürte, ist die Regierung umgefallen wie ein morscher Stamm und hat die bereits getroffene Entscheidung rückgängig gemacht.

Noch aber finden Sie in Yafo edle Restaurants neben dunklen Hinterhöfen, in denen hungrige Katzen um den Müll streichen. Und Sie können fündig werden auf dem Flohmarkt in Yafo. Dort gibt es vermutlich alles, vom gebrauchten Bett bis zur antiquarischen Kamera, vom Samowar, den Einwanderer aus der ehemaligen Sowjetunion meistbietend verkaufen, bis zum vielgereisten, aber gut erhaltenen Koffer. Hier sehen Sie das ungeschminkte Tel Aviv, das sich weiter nördlich mondänangeberisch aufputzt und so tut, als bestünde es nur aus Zukunft und hätte keine Vergangenheit.

Die Vergangenheit Jerusalems dagegen wiegt ungleich schwerer, dort wird nicht in Jahrzehnten gerechnet, sondern in Jahrtausenden. »Jerusalem ist eine Hafenstadt am Ufer der Ewigkeit.«[2] Das hat Jehuda Amichai geschrieben, den man den Dichter dieser Stadt nennen könnte und der in seinen Gedichten seiner Stadt und ihren Menschen so nahe kommt wie sonst keiner. Die Last der Geschichte liegt auf dieser Stadt, und die Bewohner von Jerusalem müssen sie mit sich herumtragen – das macht das Leben nicht gerade leichter.

So klar die Vergangenheit dieser Stadt ist, so unklar ist ihre Zukunft. Alle wollen Jerusalem: Palästinenser und Israelis, Juden, Moslems und Christen. Und deshalb kommt diese Stadt nicht zur Ruhe. Religiöse Fanatiker und überzeugte Nationalisten übertönen die leisen Stimmen der Vernunft, die von Ausgleich und friedlichem Miteinander reden. Doch das, was die Faszination von Jerusalem ausmacht, nämlich die Kontraste, macht auch ihre Probleme aus. Alles liegt so nahe beieinander, und alle sind davon überzeugt, daß nur sie recht haben. Dieser Zusammenstoß der Kulturen und Religionen ist an der dritten Station der Via Dolorosa in der Altstadt jeden Freitag Realität. An dieser Ecke kreuzen sich die Wege von Juden, Christen und Moslems. Der Leidensweg Christi stößt dort mit der Straße oder, besser: Gasse zusammen, die vom Damaskustor zum Tempelberg führt.

Zu Ostern, das oft mit dem jüdischen Pessachfest zusammenfällt, ist am Karfreitag um die Mittagszeit das Gedränge am größten. Dann kommen sich alle viel näher, als ihnen lieb ist: kamerabehängte Touristen in T-Shirts treffen auf christliche Pilger, die in tiefer Andacht betend oder singend die Via Dolorosa entlangziehen, schwarzgewandete orthodoxe Juden eilen in Richtung Klagemauer, und Moslems mit der schwarzweißgemusterten Keffijeh auf dem Kopf sind in dieselbe Richtung unterwegs, nämlich zum Freitagsgebet auf dem Tempelberg oberhalb der Klagemauer, wo die Al Aksa-Moschee steht. Alle wollen beten, alle wollen ihrem Gott näherkommen, doch trotz dieser Gemeinsamkeiten trennen sie Welten. Jeder lebt und betet in »seinem« Jerusalem. Jerusalem ist eine Stein gewordene Vision. Jeder projiziert sein Bild von Jerusalem auf diese Stadt und macht sie damit exklusiv für sich, die »anderen« scheinen nicht zu existieren. Und wenn sich die Begegnung mit den »anderen« nicht vermeiden läßt, bedarf es genauer Regeln, um das Nebeneinander halbwegs erträglich zu gestalten.

Die Grabeskirche ist das beste Beispiel dafür. Man muß schon relativ glaubensstark sein, um diese Baustelle gebliebene Kirche nicht nach einem ersten Blick kopfschüttelnd wieder zu verlassen. Das wichtigste Heiligtum der Christen ist ein Kampfplatz der Konfessionen, auf dem heute kein Blut mehr fließt. Früher ging es da weniger zimperlich zu, heute gelten selbst für Gebete festgelegte Zeiten, um Konflikte gar nicht erst aufkommen zu lassen, wenn Syrer, Kopten, Äthiopier, Griechen, Armenier und Lateiner beten wollen. Es spielt dabei keine Rolle, daß mit Fug und Recht bezweifelt werden kann, ob sich das Grab Christi wirklich dort befunden hat, wo heute Tausende in eine kleine Kapelle drängen. Bekanntlich versetzt der Glaube Berge.

Nein, Jerusalem ist nicht die Stadt der Zweifel, sondern der Gewißheiten. Hier prallen Überzeugungen aufeinander und nicht Fragen. In dieser Stadt müssen Sie wissen, wo Sie die paar Brocken Hebräisch, auf die Sie zu Recht stolz sind, besser wieder vergessen: im arabischen Ostteil der Stadt, aber auch im Viertel Mea Shearim, wo ultraorthodoxe Juden leben.

Mea Shearim liegt außerhalb der Altstadtmauern und ist die Heimat ultraorthodoxer Juden, die in diesem Viertel unter ärmlichen Verhältnissen leben und sich nur auf eines konzentrieren: Gottes Gebote zu befolgen. Hebräisch ist demzufolge dem Gespräch mit Gott vorbehalten und darf nicht als Umgangssprache befleckt werden. Nicht alle Bewohner von Mea Shearim sind so streng, doch in einem Punkt sind sich alle einig, und das sollten Sie berücksichtigen: Wer das Viertel der ultraorthodoxen Juden betritt, muß »anständig« angezogen sein. Generell empfiehlt es sich, bei einem Jerusalem-Besuch etwas konservativer angezogen zu sein, schließlich befinden Sie sich in einer heiligen Stadt, und auf dem Tempelberg wird Ihnen ein Tuch angeboten, um Ihre nackten Beine oder Ihre braunen Schultern zu bedecken. In Mea Shearim herrschen großer Ernst und eine sich um sich selbst drehende Geschäftigkeit. Die meisten Männer arbeiten nicht, sondern besuchen Religionsschulen. Das genügsame Leben wird mit Spenden aus dem Ausland finanziert. Die vielen Kinder in ihren schwarzen Mänteln und mit blassen Gesichtern sehen schon in jungen Jahren wie alt gewordene Gelehrte aus.

Das osteuropäische Judentum lebt in Mea Shearim weiter. Mit dem Staat Israel wollen diese Juden nichts zu tun haben, viele zahlen keine Steuern, kaum jemand geht zum Militär. Der israelische Autor Amos Elon hat in seinem Buch über Jerusalem das Leben in Mea Shearim auf den kurzen, treffenden Nenner gebracht: »Die Ultraorthodoxen besitzen keine Gewißheit außer der Vergangenheit.«[3] Das hindert sie nicht, in der Gegenwart ihren Einfluß im Staat Israel gegen den Widerstand der säkularen Bevölkerungsmehrheit über die orthodoxen Parteien in der Knesset geltend zu machen. Auch das ist ein Paradox ultraorthodoxen Verhaltens: Obwohl man diesen Staat eigentlich ablehnt, ja ihn verachtet, ist man bereit, mittels der orthodoxen Parteien diesen Staat wie eine Milchkuh zu melken.

Die Palästinenser in Jerusalem besitzen nicht viele Gewißheiten, abgesehen von der, daß sie den Ostteil der Stadt eines Tages zu ihrer Hauptstadt machen wollen. Dem steht der israelische Anspruch auf ganz Jerusalem entgegen. Und deshalb verläuft durch diese Stadt eine Trennungslinie. Sie ist nicht aus Stacheldraht, sie ist durchlässig, doch sie ist nicht zu übersehen. Teddy Kollek hat sich während seiner langen Jahre als Bürgermeister von Jerusalem bemüht, diese Trennungslinie zu verwischen, auch wenn er heute zugibt, daß er für den arabischen Teil der Stadt nicht viel getan hat. Doch die kleinen Schritte ändern nichts an der Tatsache, daß sich zwei Völker um diese Stadt streiten.

Gelegentlich, nicht oft, bricht dieser Konflikt auf, kommt es, meist in der Nähe des Damaskustores außerder Altstadt, zu Auseinandersetzungen zwischen israelischen Grenzpolizisten und rebellierenden Palästinensern. Das soll Sie keinesfalls von einem Jerusalem-Besuch abhalten. Es ist aber sinnvoll, die englischen Nachrichten des israelischen Rundfunks zu hören oder die englischsprachige *Jerusalem Post* zu lesen, um über die Lage Bescheid zu wissen. Es empfiehlt sich zudem, den Mietwagen mit dem israelischen Autokennzeichen im israelischen Westteil der Stadt zu lassen. Immer wieder setzten Palästinenser zu Zeiten ihres Aufstands Autos mit dem gelben israelischen Nummernschild in Brand, was heute seltener passiert, aber das Risiko sollten Sie erst gar nicht eingehen.

Wahrscheinlich aber werden Sie überrascht sein, wie friedlich diese Stadt ist. Das umstrittene, umkämpfte Jerusalem zeichnet sich durch eine Vielzahl von Oasen der Ruhe, des Friedens und der Stille aus. Oft genügt es, nur zwei Schritte abseits des allgemeinen Touristenstromes innezuhalten. Es gibt Kirchen, die von Zeit und Menschen vergessen scheinen. Im Getriebe der Altstadt, wo Tausende von Touristen und Pilgern unterwegs sind, wo man manches Mal mehr geschoben wird, als daß man gehen kann, selbst da findet man im christlichen Viertel wie im jüdischen, im armenischen wie im moslemischen Viertel abgeschiedene Plätze.

Lassen Sie sich Zeit für Jerusalem. Und achten Sie auf das Licht. Jerusalem sieht jeden Tag und zu jeder Tageszeit anders aus. Es gibt das goldene Jerusalem, wenn die

Sonne ihre letzten Strahlen auf diese Stadt legt und die goldene Kuppel des Felsendomes zu brennen scheint. Es gibt das zarte Jerusalem im Morgenlicht eines hellen Wintertages, wenn Nebelschwaden wie ein Bettuch von der Stadt gezogen werden. Es gibt das schmerzhafte Jerusalem, wenn der Blick auf die Mauern der Stadt Ihren Augen weh tut, weil sie das gleißende Sonnenlicht ungefiltert zurückwerfen. Und es gibt das himmlische Jerusalem – wenn Sie daran glauben. Aber das erzählen Sie in Tel Aviv besser nicht.

»Kann man da als Deutscher leben?«

Um die Frage gleich zu beantworten: Man kann als Deutscher in Israel leben, und man kann in Israel Urlaub machen, wenngleich nicht so unbefangen wie in Rimini oder auf den Seychellen. Bei aller vordergründigen Normalität im Umgang zwischen Deutschen und Israelis ist doch ein erstes persönliches Zusammentreffen mit einer gewissen in der Geschichte begründeten Unsicherheit behaftet. Deutsche und Israelis, Deutsche und Juden können sich in Israel gegenübertreten, wenn man um die Geschichte weiß. Bevor jetzt ein falscher Eindruck entsteht und Sie das Gefühl haben, nur promovierte Historiker könnten Israel besuchen, sei klargestellt, daß Sie vermutlich nichts von dem merken werden, was Politiker und Staatsmänner die »besonderen Beziehungen« zwischen Deutschland und Israel nennen.

Im Alltag haben sich die Beziehungen zwischen den beiden Völkern in einem Maße normalisiert, daß sie sich kaum mehr von denen zu anderen Völkern unterscheiden. Das fängt an mit deutschen Touristen, die glaubensstark und unerschrocken selbst dann noch durch die Jerusalemer Altstadt ziehen, wenn amerikanische Touristen wegen vermeintlicher oder tatsächlicher Krisen im Nahen Osten ihre Reise in das Heilige Land längst abgesagt haben, und endet mit der Wertschätzung, die deutsche Markenartikel in Israel genießen. Der Mercedesstern ist längst zu einem Statussymbol geworden. Vergessen sind die Zeiten, als heftig darüber diskutiert wurde, ob es angeht, daß eine israelische Buslinie Mercedesbusse anschafft.

Nicht vergessen, und darüber dürfen die guten Beziehungen und der problemfreie Alltag nicht hinwegtäuschen, ist der Holocaust. Der von uns Deutschen begangene Massenmord an sechs Millionen Juden verbindet uns mit diesem Volk und trennt uns gleichermaßen. Er verbindet uns, weil er der schrecklichste Teil unserer gemeinsamen Geschichte ist, und er trennt uns, weil sich die Nachfahren der Opfer und die Nachfahren der Täter gegenüberstehen. Letztere wollen, was unmöglich, aber menschlich verständlich ist, von der Last der Vergangenheit befreit werden. Es ist ja in der Tat nicht angenehm, jenem Volk anzugehören, das neben Goethe, Schiller und anderen Geistesgrößen auch einen Hitler, Himmler, Eichmann und andere Verbrecher hervorgebracht hat. Wer möchte schon unter seinen Vorfahren Massenmörder haben – und wenn man die schon hat, dann möchte man als Nachgeborener sie auf der Ahnentafel gerne etwas kleiner schreiben. Das ist eine natürliche Reaktion, aber der Vergangenheit nicht angemessen, denn auf der anderen Ahnentafel stehen die Namen der sechs Millionen Opfer.

Wer also mit Israelis über den Holocaust spricht, redet nicht über ein abstraktes, historisches Ereignis, das in der Schule gelehrt und wieder vergessen wird, sondern über Mütter und Väter, Onkel und Tanten und Großeltern, die in Konzentrationslagern umgebracht worden sind. Es ist nicht so, daß die Israelis gerne darüber reden, aber es kann kein Vergessen geben in einem Land, dessen ältere Bürger heute noch die Tätowierungsnummer aus Auschwitz auf dem Unterarm tragen. Und in dem Sie auf die Frage »Woher können Sie so gut Deutsch?« zur Antwort bekommen können: »Das habe ich im Konzentrationslager gelernt.«

Angesichts dieser Geschichte, an die man als Deutscher in Israel keineswegs ständig erinnert wird, vermag es nur zu erstaunen, wie reibungslos die Beziehungen zwischen den beiden Völkern heute sind. Nirgends müssen Sie verbergen, daß Sie aus Deutschland kommen. Sie können sich überall laut in Ihrer Heimatsprache unterhalten – müssen aber davon ausgehen, daß Sie verstanden werden. Es ist also nicht ratsam, hinter dem Rücken des Hotelpersonals auf deutsch über den schlechten Service zu schimpfen oder Geheimnisse auszutauschen, weil es durchaus möglich ist, daß Ihnen auf deutsch erwidert wird.

Natürlich kann es sein, daß Sie nach aktuellen Ereignissen in Deutschland gefragt werden, etwa nach den Preisen von Videogeräten oder den Ergebnissen der Fußballbundesliga. Da die Israelis notorisch an Politik interessiert sind, müssen Sie auch auf die Frage nach eventuellen rechtsradikalen Ausschreitungen gefaßt sein. Was Sie darauf antworten, ist selbstverständlich Ihre Sache, Sie dürfen aber annehmen, daß Ihr israelischer Gesprächspartner gut über die Ereignisse in Deutschland informiert ist. Das Interesse in Israel an dem, was in Deutschland vorgeht, ist groß. Zeitungen, Rundfunk und Fernsehen berichten ausführlich und eigentlich immer sachlich aus und über Deutschland.

Ein besonderes Augenmerk gilt der rechtsradikalen

Szene, gilt antisemitischen und ausländerfeindlichen Tendenzen oder Ausschreitungen. Hier spielt wieder die Vergangenheit eine Rolle: Jeder rechtsradikale Anschlag auf Ausländer in Deutschland, jeder umgeworfene Grabstein auf einem jüdischen Friedhof, jede zum Hitlergruß ausgestreckte Hand muß in Israel an den deutschen Ungeist erinnern. Die Frage, die sich den Israelis dabei aufdrängt, lautet: »Entwickelt sich da etwas, was wir schon einmal erlebt haben?« Diese Frage wird nicht ängstlich gestellt. Die Israelis fühlen sich von Deutschland nicht bedroht. Aber es wird genauer und durchaus kritisch beobachtet, was in Deutschland passiert. Damit müssen wir leben und damit, daß jeder Israeli weiß, welche Verbrechen die Deutschen zwischen 1933 und 1945 an den Juden begangen haben.

Für uns ist die Zahl von sechs Millionen ermordeten Juden schlicht unvorstellbar. In Israel werden alljährlich am Holocaust-Gedenktag aus dieser abstrakten Zahl konkrete Namen. Seit ein paar Jahren nämlich lesen an diesem Tag Holocaust-Überlebende die Namen von Verwandten vor, die während des Dritten Reiches umgebracht worden sind. Wenn zum Beispiel der frühere Premierminister Ytzak Shamir Namen um Namen vorliest, darunter seine ganze Familie, dann findet man bestimmt seine Politik nicht besser oder schlechter, aber man ahnt etwas von der Seelenlage dieses über siebzigjährigen Mannes, bekommt eine kleine Ahnung von der Dimension des Grauens, fängt an zu begreifen, was der Holocaust wirklich bedeutet. Und zwar für das ganze Volk: Augenfällig wird das, wenn am Vormittag des Holocaust-Gedenktages für zwei Minuten im ganzen Land die Sirenen ertönen und Israel zum Stillstand kommt. Jeder hält inne, wo er sich gerade befindet: in Büros, in Geschäften, in Fabriken ruht die Arbeit, jeder verharrt schweigend an seinem Platz. Auf den Straßen bleiben die Autos stehen, alle steigen aus und stehen mit gesenktem Haupt neben dem Fahrzeug. Niemand kann in die Köpfe der Israelis sehen, aber man kann spüren, daß der Holocaust nicht Vergangenheit ist, sondern daß er in die Gegenwart hineinreicht. Dies, glaube ich, wird jedem, der sich damit beschäftigen will, erst in Israel richtig klar.

Kein deutscher Israel-Besucher wird gezwungen, sich mit diesem Thema auseinanderzusetzen. Wer das jedoch tun will, nicht um der Israelis willen, sondern im eigenen Interesse, der sollte die Holocaust-Gedenkstätte Yad Vaschem in Jerusalem besuchen. Diese Gedenkstätte ist der Versuch, die Dimension des Massenmordes begreifbar zu machen, jenes Verbrechens, das sich menschlicher Vorstellungskraft entzieht.

Es gibt da ein Mahnmal für die ermordeten Kinder: Wenige Kerzen und eine Vielzahl von Spiegeln lassen in einem dunklen Raum den Eindruck unendlich vieler Sterne entstehen, was fast etwas zu kunstvoll-künstlich wirkt, denn das Grauen ist real. Von einem Tonband ertönt ein Name nach dem anderen – die Namen der umgebrachten Kinder. Wieder nimmt die Zahl von Millionen Toten konkrete Gestalt an. Genauso konkret sind die in einer ständigen Ausstellung gezeigten Dokumente, Verlautbarungen, Erlasse und Gesetze aus der Zeit des Dritten Reiches, mit denen die Judenverfolgung organisiert wurde. »Wie konnte das geschehen?« fragt man sich da. Was ging in den Köpfen der Beteiligten – vom Bahnwärter bis zum KZ-Kommandanten – vor?

Hier versagt jedes Verstehen, es gibt nur Fassungslosigkeit. Es ist einfach nicht zu begreifen, wie ein zivilisiertes Volk mit allen zur Verfügung stehenden Mitteln versuchen konnte, die Juden auszurotten: planvoll, gezielt, gründlich und gnadenlos. Auschwitz steht für die Unfähigkeit der Menschen zurückzuschrecken. Nach einem Besuch in Yad Vaschem ist einem nur nach Schweigen zumute.

Doch in Yad Vaschem wird nicht nur ein furchtbares Kapitel der Geschichte aufgezeigt, sondern auch ein Beitrag zur Erklärung des heutigen Israel geleistet. Der Holocaust hat nicht von Anfang an eine zentrale Rolle im israelischen Selbstverständnis gespielt, davon legt eine zynisch anmutende Frage beredt Zeugnis ab: »Kommen Sie aus Deutschland oder aus Überzeugung?« mußten sich in den ersten Jahren des Staates Israel jene fragen lassen, die dem Grauen der Konzentrationslager entkommen waren. Für einen überzeugten Zionisten, das signalisierte diese Frage, gab es überhaupt kein Zögern. Die Einwanderung ins damals von Großbritannien verwaltete Palästina verstand sich von selbst. Den aus Deutschland kommenden Juden wurde unterstellt, daß nicht zionistische Überzeugung sie nach Palästina brachte, sondern daß sie nur der Not gehorchend den Weg hierher gefunden haben. Die israelische Aufbaugeneration, die zur Zeit der Naziherrschaft in Europa damit beschäftigt war, gegen den Widerstand der palästinensischen Bevölkerung wie der Mandatsmacht Großbritannien in Palästina einen Staat für die Juden zu gründen, hatte keine Mittel, den Hololcaust zu verhindern, und keine Zeit, sich die Leidensgeschichten der aus Europa geflohenen Juden anzuhören. Zum Ideal des in

Palästina kämpfenden Juden paßte nicht das Bild vom Juden, der sich wie das Lamm hatte zur Schlachtbank führen lassen.

Erst später, als über die Wiedergutmachung durch die Bundesrepublik Deutschland gestritten wurde, die der nachmalige Premierminister Menachem Begin vehement ablehnte, und nach dem Eichmann-Prozeß von 1961 nahm der Holocaust den zentralen Platz im Bewußtsein der Israelis ein. Das ist eine der Widersprüchlichkeiten des israelischen Alltages: Im gleichen Maße, in dem sich eine nahezu vollständige und umfassende Normalisierung in den Beziehungen zwischen Israel und Deutschland entwickelte, nahm die Bedeutung des Holocaust für das Selbstverständnis der Israelis zu, wobei dem Aspekt des Widerstandes der Juden großes Gewicht beigemessen wird.

Vielleicht ist diese Mischung aus Moral und pragmatischer Politik das natürliche Ergebnis der jahrzehntelangen Notwendigkeit, dem Aufbau dieses Staates und seinem Überleben alle Belange unterzuordnen. Wie man sich diese Haltung im täglichen Leben nutzbar macht, hat mich ein junger Israeli gelehrt, der während des Golfkriegs 1991 an unserem Haus einiges reparierte (nein, keinen Raketentreffer-Schaden, die Einschläge waren zu hören, aber glücklicherweise nicht zu spüren).

In jenen Tagen wurde in den israelischen Medien heftig darüber diskutiert, was von der Geste des damaligen deutschen Außenministers Hans-Dietrich Genscher zu halten sei, der während des Krieges einen Scheck über einen nicht unerheblichen Betrag in Israel hinterlassen hatte, um denen zu helfen, deren Häuser oder Wohnungen von irakischen Raketen zerstört wurden. Es stand immerhin die Drohung im Raume, daß Saddam Hussein Israel mit Raketen beschießen läßt, die mit »deutschem Gas« bestückt sind. Deutsche Technologie und deutsche Techniker hatten im Irak ihre geschickten Hände im Spiel.

Damals fragte ich also Yuval, wie er zu der in Zeitungen geäußerten Meinung stehe, Israel hätte das von Außenminister Genscher angebotene Geld zurückweisen sollen. Yuvals Antwort hat mich beeindruckt. »Man soll das Geld nehmen und den Deutschen weiter böse sein«, sagte er und grinste mich freundlich an. Das ist deutsch-israelischer Alltag: ein stetes vom Abgrund der Geschichte bedrohtes Lavieren zwischen Moral und Pragmatismus.

Nur wer sich klarmacht, was den Juden zwischen 1933 und 1945 angetan worden ist, unter welchen Bedingungen ihr Staat 1948 entstanden ist und welche Kriege die Israelis seitdem geführt haben, der vermag die Gefühlslage der Menschen, denen er in diesem Land begegnet, in etwa einzuschätzen. Das in Rechnung gestellt, ist Israel ein vergleichsweise normales Land.

Selbstbewußt, aber eine bedrohte Gattung – der Kibbuznik

*E*s war einmal... so fangen Märchen an, Geschichten aus grauer Vorzeit. Aber es war tatsächlich einmal so, daß junge Deutsche nach Israel gereist sind, um praktizierten Sozialismus zu erleben. Das ereignete sich zwar nicht in grauer Vorzeit, dazu ist der Staat Israel einfach noch zu jung, ist aber in der Tat geraume Zeit her. Gelebt wurde der Sozialismus im Kibbuz. Der Kibbuz ist ein Dorf, das auf sozialistischen Idealen basiert. Die Ideale sind inzwischen in der heißen Sonne des Südens zerflossen und den Realitäten angepaßt. Dennoch ist davon etwas übriggeblieben, das sich auch heute noch zu besichtigen lohnt.

Die Idee des Kibbuz ist kurz gefaßt: Alle haben die gleichen Rechte, alle arbeiten nach ihren Fähigkeiten und tragen zum wirtschaftlichen Wohlergehen der überschaubaren Gemeinschaft bei, die wiederum den einzelnen rundum versorgt – von der Wäscherei bis zur Kantine –, so daß keine Löhne gezahlt werden müssen. Die Arbeit war also nicht gleichbedeutend mit Ausbeutung, sondern ein Beitrag zum Gemeinschaftsleben. Klingt nicht schlecht und hat anfangs auch nicht schlecht funktioniert. In den Anfängen – die Kibbuzidee ist älter als der Staat Israel – lebten die Kibbuzim (das ist der Plural von Kibbuz) hauptsächlich von der Landwirtschaft.

Männer und Frauen teilten sich die Arbeit, die Kinder wurden bald nach der Geburt im Kinderhaus untergebracht, und Entscheidungen traf die Versammlung, in der alle Kibbuzniks, Mitglieder des Kibbuz, stimmberechtigt waren. Der von der Versammlung gewählte Kibbuzsekretär ist eine legendäre Gestalt, im Vergleich zu der die heutigen Manager, die die modernen Kibbuzim führen, reichlich blaß aussehen. Allerdings waren die Kibbuzsekretäre auch weniger Manager als Väter der Kibbuz-Großfamilie.

Die Basisdemokratie hat freilich einen entscheidenden Nachteil. Nicht jeder kann machen, was er will, sondern nur das, was die Mehrheit der Kibbuzniks für sinnvoll hält. Das war im Hinblick auf die Verteilung der Arbeit nicht weiter tragisch, solange die Lebensgrundlage die Landwirtschaft war, wurde aber problematisch, als einzelne Mitglieder Berufe außerhalb des Kibbuz ergreifen wollten. Tirza ist ein solcher Fall. Sie wollte Krankenschwester werden. Doch die Vollversammlung ihres Kibbuz hatte entschieden, daß die junge Frau diesen Beruf nicht erlernen dürfe. Daraufhin beschloß Tirza, den Kibbuz zu verlassen.

Heute wird das weniger rigoros gehandhabt. So mancher Kibbuznik verdient sein Geld außerhalb, zum Beispiel als Koch in einem Hotel, fährt also jeden Tag zur Arbeit in die Stadt und kehrt abends zurück in sein Dorf. Anders als andere Pendler sieht der Kibbuznik sein Gehalt nicht. Das Geld fließt direkt in die Gemeinschaftskasse. Der Koch bekommt lediglich sein Taschengeld, genausoviel wie jeder andere, der im Kibbuz arbeitet. Der Betrag ist ausreichend, da trotz der vielen Veränderungen eines geblieben ist: die Rundumversorgung.

Der Kibbuznik braucht die Küche in seinem Haus eigentlich nur zum Kaffeekochen, denn vom Frühstück angefangen wird jede Mahlzeit im Speisesaal eingenommen. Dieser Saal ist das Zentrum eines jeden Kibbuz. Dort wird nicht nur gegessen, sondern auch gefeiert, in diesem Saal tagt die Vollversammlung, dort befindet sich das Schwarze Brett, trifft jeder jeden zum Meinungsaustausch. Zugegeben, das muß man mögen, den Tag – und zwar ausnahmslos – nicht mit dem Frühstück in den eigenen vier Wänden anzufangen, sondern in einem Speisesaal. Dennoch hat diese Institution bis jetzt alle Veränderungen im Kibbuz überstanden. Was nichts heißen will für die Zukunft; in den Kibbuzim sind bereits viele heilige Kühe geschlachtet worden.

Früher war es unvorstellbar, daß Kinder in demselben Haus wie ihre Eltern schlafen, schließlich gab es im Kinderhaus einen Schlafsaal. Heute ist die Familie zumindest nachts zusammen. Früher wurde noch darüber diskutiert, ob ein Fernsehgerät angeschafft werden darf. Heute würde darüber bestenfalls gelacht. Früher war der Kibbuznik ein Orangenpflücker in kurzen Hosen. Heute trägt er häufig noch immer kurze Hosen, ist aber Ingenieur und produziert Bratpfannen oder Plastikflaschen.

Wenn Sie also einen Arbeitsurlaub in einem Kibbuz buchen – es könnte ja sein, daß Sie sich zu Hause nicht ausgelastet fühlen –, sollten Sie sich vorher kundig machen, welche Arbeit Sie erwartet, damit Sie nicht enttäuscht sind, wenn Sie Glühbirnen in Lampen schrauben müssen, statt, wie erhofft, Obst zu ernten.

Der Wandel des Kibbuz steht zugleich für die Veränderungen in Israel, ist Ausdruck der zunehmenden Individualisierung wie der abnehmenden Bedeutung der

Landwirtschaft. Beides gehörte zusammen: die Landwirtschaft als Sinnbild des Urbarmachens eines unwirtlichen Landes mit der eigenen Hände Arbeit und die Idee, diese Aufgabe gemeinschaftlich ohne Rang- und Standesunterschiede zu meistern, kurz: das Land zu bestellen und eine egalitäre Gesellschaft aufzubauen. Mit dieser Vision kamen die ersten Zionisten zu Beginn des 20. Jahrhunderts nach Israel. Nicht religiöse Gründe brachten sie nach Palästina, wenngleich das Wort Zionismus von Zion, dem biblischen Jerusalem, abgeleitet ist, sondern die Überzeugung, daß nur ein eigener Staat die Juden vor Antisemitismus retten könne. Dazu kamen starke sozialistische Einflüsse, die im Kibbuz in die Praxis umgesetzt wurden. Der entscheidende Unterschied zu anderen sozialistischen Experimenten lag darin, daß in Israel seit jeher jeder selbst bestimmen kann, ob er im Kibbuz, in der Stadt oder in einem Moshav leben will.

Der Moshav ist, was das Wirtschaften angeht, ähnlich organisiert wie der Kibbuz; ansonsten läßt er seinen Mitgliedern alle Freiheiten, ihr Leben nach eigenen Vorstellungen zu gestalten. Im Moshav hat die Familie einen höheren Stellenwert als im Kibbuz. Alle Familien bewirtschaften ihr eigenes Stück Land und können darüber hinaus tun und lassen, was sie wollen. Dem Kollektivismus, der inzwischen, wie gesagt, längst aufgelockert ist, setzen die Moshavim das Prinzip der landwirtschaftlichen Kooperative entgegen. Das heißt, Maschinen, die alle brauchen, werden gemeinsam gekauft, landwirtschaftliche Produkte werden gemeinsam vermarktet – mehr aber nicht. Die Idee des Moshav ist jünger als die des Kibbuz und aus der letzteren entstanden. Vielen Einwanderern war der anfangs sehr strenge Kollektivgeist der Kibbuzim zuwider, so daß sie das Leben in einem Moshav vorzogen.

Inzwischen wollen auch viele Kibbuzniks selbst bestimmen, welche Arbeit sie verrichten, und es nicht der Vollversammlung überlassen, ob sie nun für den Stall zuständig sind oder für die Fabrik des Kibbuz. Die Entscheidung für die Fabrik war für viele Kibbuzim lebenswichtig. Jene, die sich rechtzeitig entschlossen haben, ein Hotel zu eröffnen, auf Industrialisierung zu setzen oder im Dienstleistungsgewerbe aktiv zu werden, stehen heute meist wirtschaftlich gut da; hingegen sieht es dort weniger erfreulich aus, wo man zu spät bemerkt hat, aus welcher Richtung der Wind weht.

Eine Trumpfkarte halten die Kibbuzim immer noch in der Hand: das Land. Israels Bevölkerung wächst, und der Verkauf einst landwirtschaftlich genutzter Flächen ist für manchen Kibbuz eine Art Lebensversicherung. Damit haben viele Kibbuzim und Moshavim ihre finanziellen Probleme gelöst und Schulden abbezahlt, die aus der Zeit der Hochinflation Mitte und Ende der achtziger Jahre herrührten. Land ist Mangelware in Israel, nicht nur weil das Land klein ist, sondern auch, weil 93 Prozent des Landes nicht verkäuflich sind. Eine dem Wohnungsbauministerium zugeordnete Behörde hat die Hand auf dem Land, das an die Kibbuzim und Moshavim lediglich verpachtet ist. Dennoch – und dergleichen ist wahrscheinlich wieder nur in Israel möglich – haben diese das Land in ihrer Not verkauft, so als gehörte es ihnen. 1992 wurde endlich die Umwidmung von Acker- in Bauland erleichtert, damit erhöhen sich auch die Gewinne für die Kibbuzim.

Der knappe Boden trägt nicht unerheblich dazu bei, daß die Bau- und Wohnungspreise in den letzten Jahren unaufhörlich gestiegen sind. 1993 kletterten die Wohnungspreise um 24 Prozent bei einer Inflationsrate von etwas mehr als elf Prozent, und 1994 bewegte sich die Steigerung im selben Rahmen bei einer Inflationsrate von 14,5 Prozent. Das tut deshalb besonders weh, weil in Israel Wohnungen nicht gemietet, sondern gekauft werden – zu Preisen wie in Weltmetropolen. Unter diesen Umständen ist es erstaunlich, daß überhaupt noch Wohnungen verkauft werden, aber die Nachfrage treibt auf einem engen Markt die Preise in schwindelerregende Höhen.

Doch zurück aufs Land, zum Kibbuz. Trotz aller wirtschaftlichen Probleme und aller Anpassungen an veränderte Zeiten: es gibt sie noch, die »Kibbuzidylle«, jenes unkomplizierte Leben, wo jeder bei jedem ein und aus geht. Die Häuser sind meist klein, da keine Schlafzimmer für die Kinder vorgesehen waren, zwischen den Häusern ist viel Grün, baumbestandene Wiesen mit Kieswegen oder unbefestigten Pfaden. Der »Kibbuz-typische« Spielplatz befindet sich vor oder hinter dem Kinderhaus, also dort, wo der Nachwuchs tagsüber untergebracht ist. In deutschen Augen erweckt dieser Ort zunächst den Eindruck eines Irrtums. Das muß, meint man irritiert, der Schrottplatz sein. Abgewrackte Traktoren, zerlegte Motorräder stehen da, auch ein paar alte Autoreifen und ein reichlich mitgenommener Kinderwagen.

Der Kinderwagen muß beschrieben werden, bevor er aus der Mode kommt (richtig in Mode war dieser Kinderwagen vermutlich nie, aber praktisch) und vielleicht eines Tages verschwindet. Wenn etwas charakteristisch für den Kibbuz ist, dann diese spezielle Art von Kinderwagen. Es ist eine Art fahrbarer Laufstall. Ein rechteckiger Holzboden auf vier Rädern, eingezäunt von Gitterstäben und mit einer Stange versehen, um das Gefährt samt Kind durch das Gelände zu schieben. Vor dem Kinderhaus oder Speisesaal stehen meist mehrere dieser in verschiedenen Farben gestrichenen fahrbaren Laufställe – wie Rennautos vor dem Start – und geben Ihnen die Gewißheit, daß Sie sich in einem Kibbuz befinden.

Und natürlich haben Sie längst realisiert, daß der vermeintliche Schrottplatz tatsächlich ein Spielplatz ist, auf dem ausrangierte Geräte und Fahrzeuge wiederverwertet werden, eine gar nicht so abwegige Art von Recycling. Die Kinder jedenfalls nehmen erkennbar keinen Schaden daran, daß nicht alles, mit dem sie spielen, DIN-genormt oder TÜV-geprüft ist. Für Kinder, daran gibt es keinen Zweifel, ist das Leben in einem Kibbuz eine Idylle. Abgesehen davon, daß es Einzelkinder im Kibbuz kaum gibt, würden sie auch nie wie ein Einzelkind aufwachsen, weil sie ständig mit anderen Kindern zusammen sind. Ein Kibbuz ist wirklich ein Kinderparadies, mit allem was zu einem Paradies gehört: Tieren, Freunden, Wiesen, Scheunen, Ställen, oft einem Sportplatz oder einem Schwimmbad.

Was fehlt, sind durch den Ort rasende Autos, denn meist ist der Kibbuz eine relativ abgeschlossene Ortschaft etwas abseits der Verkehrsadern. In der Ortschaft selbst fahren nur wenige Autos; wer kann sich schon von seinem Taschengeld ein Auto leisten. Für einen Wochenendausflug können sich die Kibbuzbewohner eines der Gemeinschaftsfahrzeuge ausleihen. Der fehlende Autoverkehr trägt entscheidend zur »Kibbuzidylle« bei.

Da tuckert zwar mal ein Traktor den Weg entlang, oder es braust jemand mit dem Motorrad durch die Gegend, aber alles in allem hat man das Gefühl, sich in einer weitläufigen, locker bebauten Grünanlage zu befinden, in der sich herrlich spazierengehen läßt.

Hier wachsen bestimmt keine besseren Menschen auf, wenngleich einst die Mitgliedschaft in einem Kibbuz als Gütesiegel für den Aufstieg im Staat Israel galt. Das hat aber eher damit zu tun, daß die Kibbuzim politischen Parteien zugeordnet sind, die sich dort ihren Nachwuchs holten. Kibbuzniks genießen von Jugend auf viele Freiheiten, und lernen gleichzeitig Verantwortung zu übernehmen. Sie sind ebenso selbstbewußt wie selbständig, ganz einfach echte Israelis.

Die Kibbuzniks sind der Prototyp des »Sabre«. So werden die in Israel geborenen Israelis sehr treffend nach der Frucht eines Kaktus genannt: außen stachelig und innen süß. Ihre Direktheit kann den Charme eines Kinnhakens haben, aber sie sind unendlich hilfsbereit, sollte man dabei zu Boden gegangen sein. Diplomatie ist ihre Sache nicht.

Wir sind einmal, was wirklich nur aufgrund eines Mißverständnisses am Telefon passieren konnte, am Freitagnachmittag bei unseren Freunden im Kibbuz aufgetaucht. Freitagnachmittag, das heißt Beginn des Wochenendes, das heißt Ausruhen von den Strapazen der Woche. Und dabei können auch Freunde nur eines tun: stören. Genau das ist uns gelungen. Vielleicht hätten wir gleich wieder gehen sollen, nachdem sich nach dem ersten Klingeln an der Tür niemand gemeldet hatte, aber schließlich waren wir einmal da. Und irgendwann – wir hatten kurzerhand ein zweites Mal geklingelt – ertönte Hagais Stimme aus der Tiefe des Bades: »Kommt rein, die Tür ist offen.« Ja, und dann hat uns Hagai freundlich begrüßt und uns erst einmal erklärt, was wir sind: »...«, im Radio ertönt an dieser Stelle ein Pfeifton, weil es sich um ein nicht sendbares hebräisches Schimpfwort handelt. Es ist auch nicht druckbar, und Hagai meinte, wenn wir es uns merken und eines Tages aussprechen sollten, dann nur, wenn wir eine gute Startposition haben, um die Flucht anzutreten. Wir wußten jedenfalls Bescheid. Hagai hat uns dann noch erzählt, in welchen Situationen man gegebenenfalls doch auf das Schimpfwort zurückgreifen könne, während seine Frau Michaela uns Kaffee serviert hat nebst Süßigkeiten, Nüssen, Schokolade und Plätzchen..., bis Hagai seine Frau unterbrach und meinte: »Es ist genug auf dem Tisch, die haben doch schon zu Mittag gegessen.« Treffer, denn dagegen war nichts einzuwenden, es stimmte. Diese Offenheit bekommen nicht nur Freunde zu spüren.

Wenn ein Kibbuznik glaubt, etwas loswerden zu müssen, dann tut er das auch. Ohne Rücksicht auf Verluste, Freunde oder Fremde. Wenn Sie dem standhalten, werden Sie in seiner Wertschätzung steigen. Wer beim ersten Kinnhaken nicht gleich umfällt, ist zumindest ein guter Sparringspartner. Zu versuchen, hinter höflichen Floskeln in Deckung zu gehen, ist fehl am Platze, Offensive ist gefragt. Bei solch verbalem Schlagabtausch steht der sportliche Aspekt im Vordergrund, wobei Sie sich im klaren darüber sein sollten: Das letzte Wort haben Sie mit Sicherheit nicht. Alles andere aber werden Sie bekommen: Kaffee, Kuchen, Nüsse, Schokolade... es ist unmöglich, nach einem Besuch bei Freunden oder Bekannten in einem Kibbuz noch hungrig oder durstig zu sein. Nicht nur die Haustüre steht jedem Besucher offen, einzig am Freitagnachmittag sollten Sie, wie gesagt, besser einen Bogen um die Türe machen, es sei denn, Sie wollen Ihren Wortschatz erweitern.

Offenheit und selbstbewußte Hemdsärmeligkeit zeichnet die Kibbuzniks aus. Das trifft auch auf das äußerliche Erscheinungsbild zu. Allein die sogar in Israel gelegentlich etwas zu niedrigen Temperaturen verhindern, daß T-Shirt, Jeans und offene Sandalen ganzjährig getragen werden. Der Nachwuchs freilich bevorzugt wie auf der ganzen Welt Turnschuhe, so daß man auch auf diesem Gebiet von liebgewonnen Klischeevorstellungen Abschied nehmen muß. Ihre Krawatte können Sie jedenfalls zu Hause lassen, innerhalb wie außerhalb des Kibbuz ist dieses Kleidungsstück überflüssig. Und selbst in dem wohl eher unwahrscheinlichen Fall, daß Sie eine Einladung beim israelischen Präsidenten oder beim deutschen Botschafter erwarten, können Sie davon ausgehen, daß unter den Gästen ein Israeli sein wird, der weniger elegant angezogen ist als Sie. Nicht nur im Kibbuz, auch darüber hinaus lautet die Kleiderordnung: »Wie es euch gefällt.«

Dem entsprechen die legeren Umgangsformen, was auch damit zusammenhängt, daß man sich in Israel mit dem Vornamen anspricht. Es wäre undenkbar, daß sich Ihnen jemand im Kibbuz vorstellt und sagt: »Shalom, mein Name ist Shafir.« Sie werden Miriam, Ilana, Yankele und Sharon kennenlernen und den Nachnamen nur erfahren, wenn Sie ihn wissen wollen, um Ihren neuen Freunden aus Deutschland eine Ansichtskarte schicken zu können. Bei offiziellen Anlässen oder im Hotel sind

Sie selbstverständlich Frau Huber oder Herr Muster-frau, im Alltag aber – und dazu gehört nun einmal der Besuch in einem Kibbuz – spricht man sich und auch Sie mit dem Vornamen an.

Vieles, was Sie im Kibbuz sehen und erleben werden, läßt sich auf ganz Israel übertragen, denn der Kibbuz ist so etwas wie die Keimzelle des Staates Israel. Beide sind der gelungene Versuch, einen Traum zu verwirklichen. Im einen Fall ist der Traum der Juden von einem eigenen Staat Realität geworden, im anderen der von einer Ge-sellschaft, in der alle gleiche Rechte haben. Und wie das so ist bei Träumen, die Realität werden: die Wirklichkeit sieht meist viel weniger glanzvoll aus. Dennoch: Wie viele Träume werden schon verwirklicht?

Ein Land ohne Brot –
jüdische und andere Feiertage

Es kann Ihnen passieren, daß es zum Frühstück im
Hotel statt frischem Brot trockene Fladen gibt, die
fatal an Knäckebrot erinnern und beim Bestreichen mit
Butter, wie befürchtet, zerbrechen. Dann ist es Ihnen
gelungen, während der Pessach-Feiertage ein Hotelzimmer zu bekommen, was keine schlechte Leistung ist,
weil während dieser Tage Israel ausgebucht ist. Wenn
Sie sich an die faden bröselnden Fladen – quadratisch,
unpraktisch, trocken – gewöhnt haben, wird es Ihnen
vielleicht leichter fallen, auf das Bier zum Abendessen zu
verzichten, denn auch das bleibt während der Pessach-
tage verbannt. Im islamischen Fastenmonat Ramadan
kann es Ihnen dagegen bei den Arabern in Israel widerfahren, daß Sie zwar freundlich begrüßt werden, aber
nicht einmal den üblichen Kaffee angeboten bekommen.

Es empfiehlt sich also vor einer Reise in das Heilige
Land ein Blick auf einen Kalender, der nicht nur die
christlichen Feiertage enthält, Sie sollten sich in Ihrem
eigenen Interesse auch über die Termine der jüdischen
und moslemischen Feiertage informieren. Die christlichen Feiertage sind ja entweder festgelegt, wie der
Heilige Abend am 24. Dezember, oder sie fallen wie die
beweglichen Feiertage Ostern und Pfingsten in eine bestimmte Jahreszeit.

Bei den Moslems sieht das ganz anders aus. Die islamischen Feiertage richten sich ausschließlich nach dem Mondkalender mit der unangenehmen Folge, daß der Fastenmonat Ramadan ebenso im Januar stattfinden kann wie im August. Auch der jüdische Kalender richtet sich nach dem Mond. Da das Mondjahr um elf Tage kürzer ist als das Sonnenjahr, würden sich alle Feiertage pro Jahr um elf Tage nach vorne verschieben. Damit nun aber das Laubhüttenfest, das zugleich ein Erntedankfest ist, nicht in eine Zeit fällt, in der es gar nichts zu ernten gibt (obwohl es in Israel fast immer etwas zu ernten gibt, zum Beispiel Erdbeeren im Dezember), haben die Rabbiner eine Lösung gefunden, die das Rotieren der Feiertage durch das Jahr verhindert. In einem festgelegten Rhythmus wird der Kalender alle paar Jahre um einen zusätzlichen Monat erweitert. Das bemerken Sie als Israel-Reisender gar nicht, es sei denn, Sie lesen die Titelseite der *Jerusalem Post* sehr aufmerksam und stellen fest, daß dort drei Daten stehen, nämlich die jüdischer, islamischer und christlicher Zeitrechnung.

Für Ihre Verabredungen aber können Sie getrost Ihren Kalender benutzen und zum Beispiel den 18. Juli eintragen, der im Jahr 1995 beispielsweise zugleich der 20. Tammuz des Jahres 5755 jüdischer Zeitrechnung und der 20. Safar des Jahres 1416 islamischer Zeitrechnung war. Im Geschäfts- wie im Privatleben richtet man sich in Israel nach dem Gregorianischen Kalender. Auf die Frage »Wann beginnt das Pessachfest?« werden Sie das Datum nach dem Gregorianischen Kalender zur Antwort bekommen, und nur orthodoxe Juden wissen den Termin des jüdischen Kalenders. Ist allerdings vom Anfang der Woche die Rede, dann ist immer der Sonntag gemeint, denn die Woche endet mit dem Shabbat, ist also am Samstagabend zu Ende. Dann öffnen auch die ersten Geschäfte wieder.

Es ist ja ein weitverbreiteter Irrtum und beliebter Scherz, daß in Israel arbeitende Europäer sich einer Viertagewoche erfreuen: Am Freitag gelte es den Feiertag der Moslems zu heiligen, am Samstag begehe man mit den Juden den Shabbat, und am Sonntag schließlich habe man als Christ seinen eigenen Feiertag. Weit gefehlt! Zwar kann in Israel nicht mehr von einer Sechstagewoche die Rede sein, da spätestens am Freitag mittag überall die Rolläden runtergehen, und man bei Behörden am Freitag besser überhaupt nicht anruft, doch der Sonntag ist ein ganz normaler Werktag.

Mit den christlichen Feiertagen ist das so eine Sache im Heiligen Land. Sie spielen entgegen der verbreiteten gegenteiligen Annahme eben keine große Rolle hierzulande. Eine der größten Enttäuschungen in dieser Hinsicht dürfte für viele das Weihnachtsfest sein. Abgesehen davon, daß die deutsche Vorstellung von einer »weißen Weihnacht« im Heiligen Land nur dann Wirklichkeit wird, wenn ein Jahrhundertwinter Jerusalem und Bethlehem für ein paar Stunden mit schnell dahinschmelzendem Schnee bedeckt, fehlt im öffentlichen Leben alles, was in Europa oft vorzeitig an Weihnachten erinnert: Weihnachtsmärkte, Christbäume, weihnachtliche Dekoration und ebensolche Musik in den Geschäften.

Wenn in Israel um diese Jahreszeit Kerzen leuchten, dann sind es die Chanukkakerzen. Das jüdische Lichterfest fällt manchmal sogar mit den Weihnachtsfeiertagen zusammen. Nicht allzu fromme Juden sprechen dann von »Weihnukka«. Chanukka erinnert an ein

Wunder, als ein kleines Fläschchen Öl wider Erwarten acht Tage lang Licht spendete. Heute wird in jüdischen Haushalten während dieser Feiertage an einem Chanukkaleuchter, der in seiner Form der siebenarmigen Menora ähnelt, jeden Tag eine Kerze angezündet, bis zum Schluß alle acht Kerzen leuchten. Warum um diese Zeit alle Bäckereien ein Gebäck anbieten, das in Deutschland als Faschingskrapfen bekannt ist, gehört zu jenen ungelösten israelischen Rätseln. Diese Krapfen werden respektlos »jüdische Bomben« genannt, weil sie einem wie ein Stein im Magen liegen und man spätestens nach dem dritten das Gefühl hat, explodieren zu müssen.

Nach vorweihnachtlichen Spuren müssen Sie suchen. Fündig werden Sie da, wo Christen leben, in Jerusalem also und im Norden Israels, wo die christlichen Araber zu Hause sind. Unter der nichtjüdischen Minderheit in Israel sind die Christen wiederum eine Minderheit, was dazu führt, daß ihre Präsenz leicht übersehen werden kann. In Nazareth, im christlichen Viertel der Jerusalemer Altstadt und in Bethlehem werden Sie hin und wieder weihnachtlich geschmückte Geschäfte finden, die aber bei weitem nicht jene aus Deutschland gewohnte luxuriöse Pracht entfalten. Sie dürfen nicht vergessen, daß das palästinensische Bethlehem erstens eine arme Stadt ist und dort zweitens mittlerweile die Mehrheit der Bevölkerung moslemischen Glaubens ist.

In Israel ist es im Dezember leichter, Erdbeeren zu kaufen als Weihnachtskarten. Weihnachten findet im Heiligen Land gewissermaßen auf kleinen Inseln christlichen Glaubens statt, was auch seinen Reiz hat: Am Nachmittag des 24. Dezember in der auch um diese Jahreszeit noch wärmenden Sonne ein Stück Erdbeerkuchen (die Erdbeeren im Dezember sind schon eine mehrfache Erwähnung wert) essen und dann, wenn es dunkel wird, die Kerzen am Christbaum anzünden, das ist nicht überall möglich.

Etwas ganz Besonderes ist unbestritten der Heilige Abend in Bethlehem. Wie die Grabeskirche in Jerusalem ist allerdings auch die Geburtskirche in Bethlehem zwischen verschiedenen christlichen Konfessionen umstritten und leider alles andere als ein beeindruckendes Bauwerk. Der Streit zwischen den wenig brüderlich gesonnenen christlichen Glaubensgemeinschaften hat dazu geführt, daß im Winter oft Eimer die große Halle der Kirche zierten, die den durch das Dach tropfenden Regen auffingen, weil man sich nicht einigen konnte, wer für die Reparatur des Daches zuständig ist. Kurzentschlossen hat Anfang der neunziger Jahre die Besatzungsmacht Israel eingegriffen und das Dach reparieren lassen. Mit durchschlagendem Erfolg: Bald darauf standen wieder Eimer in der Basilika.

Unter dem Hauptaltar befindet sich die Geburtsgrotte mit dem in den Boden eingelassenen Stern und der Inschrift: *Hic de Virgine Maria Jesus Christus natus est.* Empfehlenswert ist es, die niedrige Grotte schon am Vormittag des Heiligen Abends zu besuchen, dann ist das Gedränge noch nicht so groß. Die in alle Welt übertragene Mitternachtsmesse wird übrigens nicht in der Geburtskirche, sondern in der direkt daneben gelegenen Katharinenkirche zelebriert. Für die Mitternachtsmesse benötigt man Eintrittskarten, die die Franziskaner von Mitte Dezember an in Jerusalem ausgeben, zuletzt wegen der großen Nachfrage nur an katholische Gläubige. Der kleine Kreuzgang vor dieser Kirche ist einen kurzen

Aufenthalt wert, weil er in seiner schlichten Schönheit eine Oase der Ruhe ist.

Auch in Bethlehem wird Ihnen auffallen, daß von weihnachtlicher Stimmung jenseits des Krippenplatzes vor der Geburtskirche wenig zu spüren ist. Für die Moslems in Bethlehem sind die Weihnachtsfeiertage ganz normale Arbeitstage und genauso ist das in Jerusalem, wo zwar in allen Kirchen Gottesdienste stattfinden, man aber nach Verlassen der Kirche wieder im Alltag landet. Gleiches gilt für Ostern, das sozusagen jenseits der Via Dolorosa und der Kirchenmauern keine Spuren im täglichen Leben hinterläßt.

Es sind, wie könnte es anders sein, die jüdischen Feiertage, die diesem Land ihren Stempel aufdrücken. Diese Feiertage beginnen wie der Shabbat schon am Vorabend. Das sollte man wissen und beachten, weil man andernfalls unversehens vor geschlossenen Geschäften steht. Ein kräftiges Mittagessen kann nicht schaden, denn am Vorabend von Fasten- und Trauertagen bleiben die Restaurants geschlossen. Keine Angst, verhungern müssen Sie trotzdem nicht; im Hotel können Sie sich rechtzeitig etwas mit auf Ihr Zimmer nehmen. Und außerdem wäre Israel nicht Israel, wenn es nicht irgendwo eine Ausnahme von der Regel gäbe. An jüdischen Feiertagen finden Sie diese Ausnahme in den arabischen Ortschaften beziehungsweise in Jerusalem im arabischen Viertel: Dort können Sie einkaufen, dort sind Restaurants geöffnet.

Der Shabbat entspricht dem Sonntag in Deutschland und ist der Tag, an dem die Mehrheit der Israelis einen Ausflug macht, eine Minderheit in die Synagoge geht und den Feiertag heiligt. Die Shabbatruhe breitet sich in den Vierteln der Städte aus, in denen die orthodoxen Juden leben, etwa in Mea Shearim in Jerusalem oder in Bnei Brak bei Tel Aviv. Dort kommt das öffentliche Leben zum Erliegen, senkt sich friedliche Stille über das Viertel, das mit Straßensperren abgeriegelt wird, damit kein Auto die Feiertagsruhe stören kann. So kommt es zu einmaligen Konstruktionen: Bei Bnei Brak gibt es eine Brücke, über die nur an Werktagen Autos fahren dürfen, am Shabbat und an jüdischen Feiertagen ist die Brücke allein Fußgängern vorbehalten. Wer das mißachtet, muß mit einem wenig feierlichen Empfang rechnen, gelegentlich fliegen dann sogar Steine.

Die orthodoxen Juden haben in der Vergangenheit bereits mehrfach bewiesen, daß sie nicht zimperlich sind, wenn es darum geht durchzusetzen, was sie für ihr Recht halten. In Jerusalem liegen sie in einem Dauerclinch mit der Stadtverwaltung, weil sie verlangen, daß bestimmte Straßen, die an ihrem Wohngebiet vorbeiführen, am Shabbat für den Verkehr gesperrt werden. Die frommen Männer – die Frauen bleiben bei solchen Aktionen, wie sich das in diesen Kreisen gehört, zu Hause – blockieren die Straßen und bewerfen vorbeifahrende Autos mit Steinen. Um ihr Seelenheil fürchtende orthodoxe Juden gingen schon einmal so weit, Bushaltestellen anzuzünden, weil dort für Bademoden geworben wurde.

Sie sind im Staate Israel überraschenderweise gar nicht sonderlich beliebt. Nicht nur wegen solcher oder anderer gewalttätiger Aktionen betrachtet die Bevölkerungsmehrheit die Männer mit den Schläfenlocken, den dunklen Anzügen und Hüten als Außenseiter. Viele ärgern sich ganz einfach darüber, daß die orthodoxen Juden den Staat Israel nicht anerkennen, weil ihrer Meinung nach nur der Messias den Staat der Juden gründen darf, aber ohne Skrupel von diesem Staat Geld nehmen. Und zwar nicht wenig. Die religiösen Parteien, die die Belange der orthodoxen Juden im Parlament vertreten, widmen sich dem Transfer staatlicher Gelder an die religiösen Institutionen, mit denen sie verbunden sind. Das ist kein Geheimnis und funktioniert, weil sie bislang an jeder Regierung beteiligt waren. In den letzten Jahren waren sie das sogenannte Zünglein an der Waage im Parlament, sie konnten über den Bestand einer Regierung entscheiden, und das haben sie weidlich ausgenutzt.

Als im Frühjahr 1990 der damalige Oppositionsführer Shimon Peres von der Arbeitspartei versuchte, eine Mehrheit für eine Regierung zu finden, mußte er erleben, daß ein Anruf aus New York seine Hoffnung zerstörte, Premierminister zu werden. Ein in den USA residierender Rabbiner hatte zwei orthodoxe Abgeordnete davon abgehalten, für Peres zu stimmen. Später konnte dann die Arbeitspartei mit Fug und Recht, aber von der Oppositionsbank darauf verweisen, daß es für den israelischen Steuerzahler günstiger gewesen wäre, wenn die religiösen Parteien mit ihr eine Regierung gebildet hätten – der Likudblock war den finanziellen Forderungen der orthodoxen Abgeordneten noch weiter entgegengekommen.

Außerdem verstehen sich die orthodoxen Parteien als Wächter des »Status quo«. Den »Status quo« könnte man die Waffenstillstandslinie zwischen den religiösen und säkularen Kräften in Israel nennen. Israels Gründervater David Ben Gurion hatte den Religiösen noch vor der Gründung des Staates Israel bestimmte Zugeständnisse gemacht, um einen innerjüdischen Konflikt zu vermeiden. Damals ist der Shabbat als der offizielle wöchentliche Feiertag festgelegt worden, wurde zur Regel, daß in allen »staatlichen« Küchen, etwa beim Militär oder in Behörden, die religiösen Speisevorschriften beachtet werden müssen, wurde neben der staatlichen eine vom Staat unabhängige religiöse Erziehung garantiert, und den Rabbinern ist die Zuständigkeit für Eheschließungen und Begräbnisse überlassen worden. Dieser »Status quo« ist noch heute in Kraft.

Eine Zivilehe zum Beispiel gibt es nicht in Israel. Wer nicht vor einem Rabbiner heiraten will, muß mindestens bis nach Zypern fliegen. Auch Scheidungen sind ein Problem, da nach den Religionsgesetzen eine Scheidung nur möglich ist, wenn der Mann einwilligt, viele Männer das aber nicht tun und es somit den Frauen unmöglich machen, sich von ihnen zu lösen. Hunderte von Frauen werden auf diese Weise von ihren Männern »gefangengehalten«. Erst im Sommer 1995 ist bekanntgeworden, daß im Religionsministerium, das jahrzehntelang die religiösen Parteien geführt hatten, eine Liste mit den Namen der Israelis existierte, die nach den Vorschriften der jüdischen Religion nicht heiraten dürfen. Ehebruch zum Beispiel ist ein Hinderungsgrund, jedoch nur dann, wenn ihn eine Frau begangen hat. Sie darf nach der Scheidung von ihrem ersten Mann nicht einfach den Geliebten heiraten – für Männer gilt das nicht.

Ferner haben es die religiösen Parteien geschafft, daß die staatliche israelische Fluglinie El Al am Shabbat nicht fliegt. Der Flughafen wird nicht geschlossen, ausländische Fluglinien können in Israel landen und starten, doch El Al bleibt am Boden. Nicht nur in Israel, weltweit stellt die blau-weiße Flotte von Freitagabend bis Samstagabend den Betrieb ein. Das ist ein hoher Preis für den religiösen Frieden im Lande, der Fluggesellschaft entgehen Einnahmen, aber – Sie ahnen es schon, es kommt die Ausnahme – die israelische Charter-Fluglinie darf auch am Shabbat fliegen.

Dennoch: Es ist, kleiner Tip am Rande, sehr angenehm am Samstag nach Israel zu fliegen oder den Rückflug nach Deutschland auf diesen Tag zu legen. Auf dem Ben-Gurion-Flughafen geht es relativ ruhig zu, wenn die einheimische Fluglinie, die verständlicherweise die meisten Flüge pro Tag hat, an diesem Tag wegfällt.

Der »Status quo« ist indes alles andere als statisch, sondern immer wieder Thema heftiger Debatten und in regelmäßigen Abständen die Ursache einer Koalitionskrise. Natürlich wollen die religiösen Parteien im Interesse ihrer Klientel ihren Einflußbereich ausbauen und kämpfen etwa gegen den Import von nichtkoscherem Fleisch. Koscher wird genannt, was den religiösen Speisevorschriften entspricht. Und die säkularen Kräfte von links bis rechts – in Israel bedeutet politisch rechts nicht unbedingt religiös, umgekehrt stimmt das eher: meist stehen die religiösen Parteien politisch rechts – versuchen ebenso hartnäckig ihren Spielraum zu erweitern.

Man könnte diesen Kampf durchaus einen »Kulturkampf« nennen. Es geht um die Frage, welchen Einfluß die Religion in einem Staat hat, der sich in seiner Unabhängigkeitserklärung »jüdisch« nennt. Der Glaube hat diese Nation über Jahrhunderte, in denen sie keinen Staat hatte, zusammengehalten, deshalb ist die Trennung zwischen Staat und Religion bis heute nicht gelungen. Doch spielt der Glaube im Alltag Israels eine immer geringere Rolle. Im Grunde genommen ist dies eine Debatte über das zukünftige Israel. Wird Israel ein ganz normaler demokratischer Staat ohne Sonderrechte für eine Bevölkerungsgruppe, die Juden, die das Vorrecht genießen aus aller Herren Länder einwandern und Bürger dieses Staates werden zu dürfen, oder bleibt Israel die Heimstätte für Juden, wo auch immer sie leben?

Das ist eine Frage von ungeheurer Brisanz. Derzeit beschränkt sie sich auf eine eher akademische Diskussion über Israel selbst und seine Beziehungen zur Diaspora in den Universitäten und auf den hinteren Seiten der Zeitungen. Dort erregt sie die Gemüter, nicht auf den Straßen – wo eigentlich ganz pragmatisch jeder zu seinem Recht kommt. Am Shabbat, den die einen am See Genezareth verbringen und andere in der Synagoge, und an Feiertagen, deren Vorschriften beileibe nicht alle einhalten, abgesehen vielleicht von Yom Kippur, dem Versöhnungstag.

Yom Kippur ist der höchste jüdische Feiertag, der nach dem Neujahrsfest, also im September oder Oktober, stattfindet. An diesem Tag werden die Sünden der Menschen gesühnt, das Wort vom »Sündenbock« hat hier seinen Ursprung, denn im Gebetbuch ist die Rede von der »Sünde eines Bockes, der in die Wüste geschickt wird«. Am Versöhnungstag verordnet Israel sich selbst eine Ruhepause. Am Vorabend von Yom Kippur kommt das Leben nach und nach zum Erliegen, schon um die Mittagszeit sind kaum noch Autos unterwegs, breitet sich Ruhe über das Land. Eine nahezu komplette Ruhe. Die israelischen Radiosender verstummen, auf dem Fernsehbildschirm flimmert nur das Testbild aus Jerusalem, der Flughafen wird geschlossen, ebenso die Übergänge in die palästinensischen Gebiete und die

Grenzübergänge nach Jordanien und Ägypten. Ein Land besinnt sich auf sich selbst. Und dazu gehört, daß das Auto stehen bleibt. Eine mobile Gesellschaft legt sich selbst für gut 24 Stunden lahm. Zugegeben, nicht ganz, auch an Yom Kippur gibt es die unvermeidlichen Ausnahmen. Feuerwehr, Polizei und Krankenwagen dürfen in Notfällen fahren.

An diesem Tag gehören die Straßen den Fußgängern und den Radfahrern. Das Näherrücken dieses Feiertages ist daran zu erkennen, daß plötzlich Fahrräder Hochkonjunktur haben. Das ganze Jahr über sind Radfahrer belächelte Außenseiter in einer Autogesellschaft, die schauen müssen, wo sie bleiben, denn Radwege gibt es nicht in Israel. Yom Kippur aber ist der Tag der Pedalritter. Jetzt sind sie die Herren (und Damen) der Autobahnen. Von früh bis spät sind sie unterwegs und genießen das Gefühl unbeschränkter Radfahrer-Freiheit. Fromme Juden begehen diesen Tag mit Beten und Fasten, viele verbringen den ganzen Tag in der Synagoge.

Die Vielfalt der israelischen Gesellschaft zeigt sich auch an Yom Kippur. Obwohl dies ein Tag des Fastens ist, an dem alle Restaurants geschlossen bleiben, können Sie dennoch Essen gehen, etwa in einem Kibbuz, der sich um die Feiertage nicht kümmert. Es gibt einige wenige religiöse Kibbuzim, die Mehrheit indes steht ideologisch sehr weit links und hat mit den religiösen Geboten nicht viel im Sinn. Der Feiertag, und sei es auch der höchste, ist nicht viel mehr als ein freier Tag. Die absolute Feiertagsruhe gibt es ohnehin nicht mehr: Was sind schon die paar israelischen Radio- und Fernsehkanäle, die an Yom Kippur schweigen, gegen die zahllosen ausländischen Programme, die munter in das Kabelnetz eingespeist werden? Und auf den Straßen sind in den letzten Jahren immer mehr Autofahrer zu beobachten, die zum Ärger der Radfahrer gar nicht daran denken, ihr Auto stehenzulassen.

Yom Kippur ist seit gut zwei Jahrzehnten mit der Erinnerung an einen für Israel traumatischen Krieg verbunden. 1973 haben Ägypten und Syrien an diesem Tag einen Krieg begonnen, der Israel anfänglich an den Rand einer Niederlage brachte, weil die politische und militärische Führung den Angriff trotz mancher Warnung nicht für möglich gehalten hatte. Dennoch hatte Israel Glück im Unglück, daß der schließlich siegreich beendete Krieg an Yom Kippur ausbrach: An diesem Tag war es leichter als an jedem anderen Tag im Jahr, die Reservisten zu mobilisieren. Alle benötigten Kräfte waren zu Hause oder in der Synagoge, die Straßen zu den Militärbasen waren frei. An allen anderen Feiertagen durchkreuzen die Israelis ihr Land mit dem Auto in allen Himmelsrichtungen, um entweder Naturparks oder Verwandte zu besuchen. Die unvermeidliche Folge: Staus zu Beginn und am Ende der Feiertage.

An einem Feiertag bilden sich diese Staus vor den Bäckereien. Nämlich vor und nach dem Pessachfest. Es ist das Fest des bereits erwähnten bröselnden Knäckebrotfladens. Dieses Brot, Matzen genannt, erinnert an den Auszug der Juden aus Ägypten. Damals nämlich blieb nicht mehr genug Zeit, richtig Brot zu backen, und so haben die Juden auf die Flucht ungesäuertes Brot mitgenommen. Seither werden während der Pessachwoche ausschließlich diese knackenden, bröselnden Matzen gegessen.

Doch damit nicht genug, das Pessachfest – meist findet es um die Osterzeit statt – ist eine echte Herausforderung. Es ist nämlich mit einem umfassenden Großreinemachen verbunden. Schon Tage vor Beginn des Festes zerlegen israelische Frauen ihren Haushalt regelrecht, denn nirgendwo darf noch etwas Gesäuertes übrigbleiben; Brotkrumen gilt es ebenso zu entfernen wie Hefe und alle Lebensmittel, die mit Gesäuertem zu tun haben, auch Bier muß verschwinden. Mit Beginn des Pessachfestes ist Israel frei von allem Gesäuerten. Da das praktisch gar nicht möglich ist – was sollen die Bäcker, die Lebensmittelgeschäfte, die Restaurants mit ihren Vorräten machen? – verkauft der Oberrabbiner Israels all diese Vorräte an einen Nichtjuden. Eine Woche lang ist Israel de jure brotlos. Danach wird alles zurückgekauft. In den Supermärkten zum Beispiel sind während der Pessachwoche die entsprechenden Regale mit Nudeln und dergleichen entweder leergeräumt oder abgedeckt, die Bäcker machen in dieser Woche Urlaub, denn der Matzen ist bis zu Beginn der Feiertage längst gebacken und verkauft.

In Ihrem Hotel werden Sie extra für diese Zeit neues Geschirr und Besteck bekommen, denn zu den Vorschriften gehört auch, daß Geschirr und Besteck zu Pessach koscher sein müssen. Das heißt, es darf kein Messer und kein Teller verwendet werden, die im Laufe des Jahres mit Gesäuertem in Berührung gekommen sind. Zwar können das alte Geschirr und Besteck durch Auswaschen in kochendem Wasser und Ausglühen koscher gemacht werden, doch das ist so kompliziert, daß viele Hotels eine eigenes »Pessachgeschirr und -besteck« haben.

Das Pessachfest beginnt mit dem Sederabend, an dem

im ganzen Land die Familien versammelt sind. An diesem Abend wird die Geschichte vom Auszug der Juden aus Ägypten gelesen, weil das Pessachfest, wie gesagt, daran erinnert. Ein solcher Sederabend ist ein Erlebnis für sich, zeigt er doch, wie wenig zeremoniell und steif Israelis selbst bei feierlichen Gelegenheiten sind. Überall – wir hatten das Vergnügen, mehr als einmal bei einem Sederabend dabeizusein – geht es fröhlich, laut und leicht chaotisch zu. Keine Spur von *Seder*, das heißt »Ordnung«. Die Ordnung bezieht sich nur auf den rituellen Ablauf, das Vorlesen der Geschichte vom Auszug aus Ägypten, das Essen der Matzen, das Trinken des Weines. Ansonsten wird durcheinandergeredet, auch wenn derjenige, der den Sederabend leitet, gerade etwas vorliest, die Kinder sausen um den festlich gedeckten Tisch, und der älteste Sohn fragt, wann es endlich etwas zu essen gibt. Der Höhepunkt ist gekommen, wenn eine Tochter die Geschichte in zungenbrecherischer Geschwindigkeit zu Ende liest – soviel Ordnung muß sein – und die zu diesem Abend gehörende Jagd auf ein verstecktes Stück Matze beginnt. Wie auf Kommando kriechen die Kinder über und unter den Tisch, denn der glückliche Finder bekommt ein Geschenk.

Das Essen beginnt im Regelfall mit einer klaren Suppe, in die man die Matzen tauchen kann, anschließend gibt es Fisch. Ja, den berühmt-berüchtigten Gefillten Fisch, nämlich durch den Fleischwolf gedrehten Karpfen. Das Gericht schmeckt so, wie es klingt, egal, ob der Gefillte Fisch warm oder kalt serviert wird. Aber das darf man als Gast nicht laut sagen, weil diese Speise in einem jüdischen Haushalt etwas Besonderes ist.

Ich werde nicht vergessen, wie wir zum ersten Mal

Gefillten Fisch gegessen haben. Als wir noch überlegten, was diese graue Masse wohl sein könnte und uns fragend-zweifelnd anschauten, ertönte über den Tisch von mehreren Seiten: »Debbie, das ist der beste Gefillte Fisch, den du jemals gekocht hast.« Da blieben wir lieber stumm, fragen mußte man jetzt nichts mehr, und aßen sehr langsam den gräulichen Brei.

Auf den Fisch folgt Fleisch, dazu reichlich Gemüse und ein Nachtisch. Der Kuchen ist an diesem Abend garantiert ohne Mehl gebacken, schließlich feiert man das Pessachfest. Wenn Sie danach drei Tage lang satt sind, hat der Sederabend seinen Zweck erfüllt.

Und nun der von Ihnen sicher schon erwartete Hinweis auf die Ausnahme: Logisch, auch an Pessach gibt es Brot. Bei den arabischen Bäckern in Israel. Wo sonst? Seit Tiefkühltruhen oder -schränke in allen Haushalten stehen, läßt sich das Problem elegant lösen. Wer auf richtiges Brot nicht verzichten will, friert ein, was er braucht.

Übrigens erinnert noch ein zweites Fest an den Auszug aus Ägypten: das Laubhüttenfest. Sie merken es spätestens dann, wenn Sie an einem kühlen Herbstabend zu Ihrem leichten Erstaunen vom Hotelpersonal zum Abendessen ins Freie gebeten werden. Jedes Hotel baut seine eigene Laubhütte auf, und nur dort wird gespeist. An diesem Fest gedenken die Juden der Zeit in der Wüste, deshalb muß die Laubhütte so gebaut sein, daß man durch ihr Dach die Sterne am Himmel sehen kann. Viele Familien errichten ihre Laubhütte im Garten oder auf dem Balkon. Es gibt genaue Vorschriften, wie die Hütte gebaut sein muß, aber zum Glück auch schon vorgefertigte leinene Laubhütten.

Nicht versäumen sollten Sie, wenn Sie dazu eingeladen werden, eine Hochzeit. Als erstes fällt – wiederum – auf, wie leger ein solches Fest über die Bühne geht. Das fängt damit an, daß es mit Sicherheit nicht zur festgelegten Stunde beginnt. Auch in diesem Fall sind Sie als auf Pünktlichkeit bedachter Deutscher unter den ersten Gästen. Des weiteren werden Sie Gäste treffen, die sich in edelste Klamotten geworfen haben, neben anderen, die dem Ereignis – urteilt man nach ihrer Kleidung – keine besondere Bedeutung beimessen.

Schließlich kommt der Rabbiner. Er setzt sich mit dem Ehepaar in eine Ecke und geht den Ehevertrag, die *Ketubba*, durch. In diesem Dokument verpflichtet sich der Mann, für Nahrung und Bekleidung seiner zukünftigen Frau zu sorgen sowie Geschlechtsverkehr mit ihr zu haben. Dann wird eine Summe genannt, die der Frau im Falle der Ehescheidung oder des Todes ihres Mannes zusteht. Erst danach darf ein Mann mit einer Frau allein bleiben. Noch aber ist es nicht soweit, die beiden müssen zunächst unter die *Chuppa*, den Hochzeitsbaldachin. Unter diesem Baldachin streift der Mann der Frau einen Ring über den Zeigefinger, nicht über den Ringfinger, und nach sieben Segenssprüchen zertritt der Bräutigam mit dem rechten Fuß ein Glas. Darauf verschwindet das frisch verheiratete Ehepaar. Das gehört zur Zeremonie, denn jetzt dürfen Mann und Frau offiziell zum ersten Mal zusammensein.

Da standen wir nun mit den anderen Gästen und wußten nicht so recht, was wir tun sollten. Noch ein Glas Sekt trinken, am Tisch sitzen bleiben, bis das Ehepaar wiederkommt, oder...? Das Nachdenken wurde uns abgenommen, denn wir mußten, wollten wir noch etwas bekommen, das tun, was inzwischen alle taten: uns über das Buffet hermachen. Da stürzte sich in Abwesenheit der Hauptpersonen des Abends die gesamte Gästeschar auf das Buffet und ließ es sich schmecken, Kellner gingen mit Weinflaschen von Tisch zu Tisch, niemand schien Pam und Joe zu vermissen, nur wir fanden es etwas komisch, ohne das Hochzeitspaar zu feiern, aber sonst schien das niemanden zu stören. Pam und Joe mußten mit den Resten des Buffets vorliebnehmen.

Die meisten Ehepaare nebst den Eltern sind übrigens nach der Hochzeit hoch verschuldet. Die jungen Leute, das Durchschnittsalter der Braut liegt in Israel bei 23 Jahren, das des Bräutigams bei 25, treiben oft einen Aufwand, der sie schon beim Start in die Ehe dem finanziellen Ruin näher bringt. Bei einer anderen Hochzeit waren rund 500 Gäste im Saal eines vornehmen Hotels versammelt, ein Gespräch war mit keinem möglich, weil eine Zwölf-Mann-Band mit professionellen Tänzern unglaublich gute, aber ebenso laute Musik produzierte. Diese Band zu engagieren kostete ein Vermögen. Das Essen war vom Besten, und allein das Nachspeisenbuffet mit Skulpturen aus Eiscreme war es wert, bei dieser Hochzeit dabeigewesen zu sein. Es gibt Fälle, in denen Eltern noch damit beschäftigt sind, die von der Hochzeit verursachten Kosten abzubezahlen, wenn die Kinder schon wieder getrennte Wege gehen und geschieden sind.

Für diesen – hoffentlich nicht eintretenden – Fall können Sie die Not der Eltern lindern, indem Sie dem Hochzeitspaar schenken, was fast alle schenken: Geld. Wieviel? Das kommt darauf an, wo und in welchem Rahmen die Hochzeit gefeiert wird, denn im Grunde genommen soll mit den Geldgeschenken der Gäste die Hochzeit bezahlt werden. Sind Sie also zu einer Hochzeit in einem besonders edlen Hotel eingeladen, dann sollten Sie sich nicht lumpen lassen und ein paar Schekel oder Dollar mehr in den Briefumschlag stecken. Das soll nicht heißen, daß mit Liebe ausgesuchte Geschenke, wie Vasen oder Regenschirme, nicht willkommen sind, doch ganz ohne Geldgeschenke hätte so manches Ehepaar in der Hochzeitsnacht wohl Alpträume.

Kostspielig ist übrigens auch eine moslemische Hochzeit. Bei den Palästinensern und Beduinen muß der Ehemann seine Braut mit Goldgeschenken geradezu überhäufen. In der Regel feiert das ganze Dorf mit, so daß hier schnell ein paar Hundert Gäste zusammenkommen. Allerdings ist die palästinensische Gesellschaft konservativer als die säkulare israelische Gesellschaft. Männer und Frauen feiern getrennt. Das wiederum haben sie mit den orthodoxen Juden gemein.

Bei den ultraorthodoxen Juden ist es durchaus noch üblich, daß Eltern ihre Kinder von Geburt an füreinander bestimmen. In der palästinensischen Gesellschaft – wenn wir schon bei Gemeinsamkeiten sind – gab es das in der Vergangenheit, heute geschieht es selten, aber der familiäre Druck auf junge Frauen ist weiterhin vorhanden und beeinflußt häufig die Wahl des Ehemannes.

Ebensowenig wie Feste der Christen machen sich im Lande Israel die Feste der Moslems bemerkbar. Als Reisender wird Ihnen kaum auffallen, daß die Moslems den Fastenmonat Ramadan begehen. Es sei denn, Sie sind in einem arabischen Ort im Norden Israels unterwegs und wundern sich darüber, daß die vielgepriesene arabische Gastfreundschaft ausgerechnet Ihnen nicht gilt. Fragen

Sie vorsichtig, ob vielleicht gerade gefastet wird, denn während des Ramadan darf von Sonnenaufgang bis Sonnenuntergang weder gegessen noch getrunken werden. Auch Rauchen ist untersagt sowie Geschlechtsverkehr; so streng sind da die Sitten. Da das Fasten anstrengend ist und viele Moslems sehr früh aufstehen, um vor dem Sonnenaufgang noch eine Kleinigkeit zu essen, ist die arabische Bevölkerung Israels während des Fastenmonats Ramadan nicht zu großen Aktivitäten aufgelegt. Man wird es zu schätzen wissen, wenn Sie darauf Rücksicht nehmen. Das Leben wird einen Gang zurückgeschaltet und kommt erst nach Einbruch der Dunkelheit auf volle Touren, wenn das Fasten gebrochen werden darf.

Das Fest Id al-Fitr beendet das Fasten. An diesem Tag badet man, die ganze Familie zieht neue oder zumindest besonders schöne Kleidung an, die Männer gehen in die Moschee, es werden Geschenke ausgetauscht, Verwandte und Freunde besucht. Auch der Toten wird gedacht, man betet an den Gräbern und liest eine Sure aus dem Koran. Kinder freuen sich besonders auf dieses Fest, es wird auf einem Rummelplatz gefeiert mit Karussels und allem, was dazu gehört.

Größere Bedeutung hat ein anderes Fest, Id al-Adha, das Opferfest, auch das »große Fest« genannt. Es erinnert daran, daß Abraham bereit war, Gott seinen Sohn Isaak zu opfern. Id al-Adha dauert mindestens drei Tage lang. Ein Schaf wird geschlachtet oder eine Kuh oder, wo vorhanden, ein Kamel. Dieses Opfer zu bringen ist Pflicht für alle, die in diesem Jahr nach Mekka gepilgert sind. Den anderen ist es freigestellt, ein Tier zu schlachten; wer es sich leisten kann, sollte es tun. Vorbild ist der

Prophet Mohammed, er soll – so erzählen sich die Moslems – dieses Fest einmal mit einem Opfertier und einmal ohne begangen haben. Es gehört zu diesem Fest, daß ein Drittel des Fleisches an Verwandte und Freunde weitergegeben wird und ein weiteres Drittel an diejenigen, die nichts haben oder in Not sind. Auch an Id al-Adha ziehen sich die Moslems fein an, besuchen Verwandte und Freunde. Es gibt einen kleinen, für Gläubige aber wichtigen Unterschied zu Id al-Fitr. An Id al-Adha geht man in die Moschee, ohne zuvor gegessen zu haben, an Id al-Fitr wird zuvor eine Kleinigkeit gegessen, oft sind das Datteln.

Das dritte bedeutende Fest ist Hijra, das Neujahrsfest der Moslems, in Erinnerung daran, daß der Prophet Mohammed Mekka verlassen und sich auf den Weg nach Medina gemacht hat. Dieses Fest steht – wie unser Neujahrsfest – im Zeichen guter Wünsche für das beginnende Jahr. Früher wurde an diesem Tag ein grüner Zweig vor die Haustüre gehängt, heute tun das die Palästinenser nicht mehr. Geblieben ist der Brauch, viele Süßigkeiten zu essen in der Hoffnung, daß das neue Jahr ein »süßes«, also angenehmes Jahr werden möge.

Dreimal findet im Heiligen Land ein Neujahrsfest statt, denn die Gläubigen der drei monotheistischen Weltreligionen feiern ihre Feste nach ihrem jeweiligen Kalender. Silvesterpartys gibt es übrigens nicht, dafür Neujahrspartys. Der Grund: Ein Papst (Silvester) soll in Israel nicht gefeiert werden, aber das neue Jahr zu begrüßen ist in Ordnung – auch dann, wenn es nach dem jüdischen Kalender längst begonnen hat. Es gibt, alles in allem, in Israel viel zu feiern, und Sie können, wenn Sie wollen, dabeisein.

Warum Chuzpe *eine israelische Erfindung ist*

*B*ei einer Begegnung mit Israelis besteht tendenziell die Gefahr, daß Sie den kürzeren ziehen. Das Leben in Israel gleicht einem immerwährenden Wettbewerb, in dem das olympische Motto »schneller, höher, weiter« im Alltag Anwendung findet. Und zwar täglich. Deshalb läßt sich die Frage, woran Sie einen Israeli erkennen, leicht beantworten: Es ist derjenige, der hinter Ihnen in die Drehtür eintritt und sie vor Ihnen verläßt. Sie sagen, das gehe nicht, und weisen damit auf den entscheidenden Unterschied hin: Sie haben es nämlich noch nicht probiert. Es ist die grundverschiedene Annäherung an Probleme aller Art, die Israelis und Deutsche trennt.

Angesichts einer Schlange vor einem Post- oder Bankschalter fragt ein Deutscher: »Wo ist das Ende?«, um sich anzustellen. Ein Israeli fragt sich, »Wo ist die Abkürzung?« und handelt entsprechend. Während Sie sich in der Schlange die Füße in den Bauch stehen können, drängeln sich längst zwei bis drei Israelis entweder wortlos oder mit dem ausgesprochen originellen Hinweis nach vorn, »Ich muß nur einmal kurz eine Frage stellen«. Das, meinen Sie, hätten Sie sich selber denken können, und eine kurze Frage bedeutet noch lange nicht, daß die Antwort darauf ebenfalls kurz ausfallen wird: Aber sie hören, wenn nicht eine Entschuldigung, so immerhin eine Erklärung. Und das sollten Sie zu schätzen wissen, denn zuvorkommende Höflichkeit ist nicht unbedingt eine israelische Eigenheit.

Das Interessante daran: Es funktioniert und ist akzeptiert. Der Schalterbeamte auf der Bank wird nicht etwa sagen, »Moment mal, ich bediene gerade einen anderen Kunden«, er wird bestenfalls sagen, »Moment mal, erst muß ich meinen Kaffee austrinken«. Der israelische Bankbeamte hat mit einem deutschen Bankbeamten, der immer den Eindruck erweckt, er sei der kleine Bruder des Vorstandsvorsitzenden und eines Tages dessen Nachfolger, etwa soviel gemeinsam wie ein Straßenkater mit einer domestizierten Perserkatze.

Natürlich können Sie auch auf einer israelischen Bank alle in Deutschland möglichen Geldgeschäfte tätigen, doch in Israel ist das zusätzlich mit einem gewissen Nervenkitzel verbunden: Wird es mir innerhalb von dreißig Minuten gelingen, mit einem Euroscheck 400 Mark in israelische Schekel umzuwechseln oder nicht? An einem normalen Werktag und unter der Voraussetzung, daß Sie Ihren Paß nicht im Hotel vergessen haben, sind Ihre Chancen etwa fünfzig zu fünfzig. An dieser Stelle ein wenig ruhmreiches Eingeständnis des Autors: Mir wurde es einmal nach 45 Minuten zu bunt, ich habe die Bank entnervt und ohne Geld verlassen. Im Zeitalter der Computer hat eine israelische Bank die Effizienz einer Dampfmaschine, was nicht mehr und nicht weniger heißen will, als daß sie funktioniert, aber anders.

Der Schalterbeamte denkt sich nichts dabei, in aller Ruhe seinen Kaffee zu trinken, zu telefonieren und Sie zu bedienen. Sie halten dies für unmöglich? Das mag ja sein, ändert aber nichts daran, daß es genau so passiert.

In Israel, davon sollten Sie ausgehen ist so gut wie nichts unmöglich. Das liegt an der israelischen *Chuzpe*. Das Wort läßt sich nicht übersetzen, nur erklären. Es hängt, wie schon erwähnt, mit der völlig anderen Art zusammen, an ein Problem heranzugehen. Grundsätzlich hält ein Israeli alle Probleme für lösbar, was Sie schon daran erkennen, daß ein Israeli angesichts eines wie auch immer gearteten Problems erst einmal feststellt: »Kein Problem, das haben wir gleich.« Während unsereiner, technisch unbegabt und mit zwei linken Händen gesegnet, im Falle einer Autopanne ratlos und der Form halber – weil man das so macht – die Motorhaube öffnet und den Motor besichtigt, wird ein Israeli in der gleichen Situation sagen: »Ich habe zwar keine Ahnung davon, wie man ein Auto repariert, aber so schwer kann das nicht sein, schließlich hat der Bruder meines Freundes eine Werkstatt«, und sich ans Werk machen.

Sie müssen wissen, daß Sie sich im Lande der Spezialisten und Experten befinden. Und Experte ist man bekanntermaßen, wenn man einen kennt, der von einem anderen weiß, daß der sich auf einem bestimmten Gebiet auskennt. Wo kommt Ihnen schon ein Handwerker ins Haus, den Sie wegen eines verstopften Abflusses gerufen haben, und fragt nach Besichtigung des Tatortes, ob Sie vielleicht einmal einen Schraubenzieher hätten? Und Sie hatten sich noch gewundert, warum der Handwerker kein Werkzeug dabei hat. Wie einfallslos.

Oder was halten Sie von folgender Variante: Es regnet in Ihrem Haus durchs Dach, was bei.der etwas nachlässigen israelischen Art, Häuser zu bauen, einkalkuliert werden sollte. Sie rufen den Hausbesitzer an, der schickt Ihnen nach dem fünften Anruf jemanden, der tatsächlich zwei Tage später kommt, sich das Dach anschaut und dann mit fachmännischem Blick feststellt: »Ich kann nichts sehen«, worauf Sie leicht entnervt antworten: »Ich auch nicht, aber ich hatte das Wasser im Haus.« Die Diskussion geht ein Weilchen hin und her, bis der Fachmann erläutert, daß er tatsächlich Fachmann ist – für Schwimmbäder. Genau das hatten Sie befürchtet, daß Ihr Haus zum Schwimmbad wird, insoweit stehen Sie tatsächlich einem Experten gegenüber. (Dieses Beispiel ist, wie viele andere, aus dem Leben gegriffen; der Autor verbürgt sich für ihren Wahrheitsgehalt, selbst wenn sie gelegentlich etwas unwahrscheinlich klingen, aber wir befinden uns in einem Land, in dem die unwahrscheinlichsten Dinge Realität sind.)

Ein Israeli, das ist immer der richtige Mann am richtigen Ort, egal, worum es geht. Die Phantasie der Israelis übertrifft bei weitem ihre Fähigkeit und ihren Willen zu planen. Während ein Deutscher noch darüber nachdenkt, wie er vorgehen sollte, schreitet der Israeli ohne zu zögern zur Tat: überzeugt davon, daß allein er die richtige Lösung kennt. Und wenn er sie nicht kennt? Schreitet er ebenfalls zur Tat, denn nur so kann die Lösung gefunden werden. Dieses Selbstbewußtsein, gepaart mit einem gerüttelt Maß an Unverfrorenheit, macht die gelegentlich ans Unverschämte grenzende Chuzpe aus.

Nehmen wir an, Sie haben Karten für ein Konzert gekauft. Zum Beispiel für einen Auftritt des Israelischen Philharmonischen Orchesters im Tel Aviver Mann-Auditorium. Eine ausgesprochen lohnende Investition, weil nicht nur das Orchester hörenswert ist, sondern weil Sie ganz nebenbei etwas über das Verhalten der Israelis lernen können. Sie setzen sich also mit Ihrer Frau auf die Plätze 20 und 21 in der 18. Reihe, so steht es schließlich auf Ihren Karten, und beobachten in aller Ruhe, was um Sie herum vorgeht. Zum einen werden Sie sehen, daß man ein klassisches Konzert ebenso in Jeans und T-Shirt wie im eleganten Kostüm oder einer olivgrünen Uniform besuchen kann, zum anderen werden Sie feststellen, daß ein ständiges Plätzetauschen stattfindet. Bis der Dirigent die Bühne betritt, räumen Konzertbesucher immer wieder Plätze, auf denen sie sich gerade erst niedergelassen haben, machen anderen Konzertbesuchern Platz, schauen sich suchend nach neuen Sitzgelegenheiten um und stehen nicht selten ein zweites Mal auf, um sich ganz woanders hinzusetzen. Ein munteres Plätzewechseln, das die Zeit bis zum Konzertbeginn verkürzt.

Ein geheimnisvolles Spiel? Ein Schachspiel mit lebenden Figuren etwa? Die Reise nach Jerusalem in zeitgemäßer Variation? Viel einfacher: Die Israelis sind nicht so autoritätsgläubig wie Sie und nehmen brav die auf ihren Karten angegebenen Plätze ein. Warum auch? Es könnte doch sein, daß in Reihe zwei, in der man ja bekanntlich besser hört und sieht, gerade heute zwei Konzertbesucher wegen Hustens zu Hause bleiben, was natürlich eine Fehleinschätzung ist, denn wie Konzertbesucher aus leidvoller Erfahrung wissen, bleiben gerade mit Husten geplagte Zeitgenossen nie daheim. Es nicht probiert zu haben, bessere Plätze zu ergattern als die, für die er bezahlt hat, würde ein Israeli als Unterlassungssünde betrachten.

Chancen zu nutzen, die eigentlich gar nicht bestehen,

darin sind die Israelis Weltmeister und, das sei nicht ganz neidlos eingestanden, durchaus erfolgreich. Was machen Sie mit einem Strafzettel, der unter dem Scheibenwischer Ihres Autos klemmt? Sie sagen vermutlich »Scheibenkleister« oder ein etwas härteres Schimpfwort, ärgern sich darüber, daß ein Polizist ausgerechnet in den zwei Minuten, in denen Sie Ihr Auto wegen dringender Geschäfte im Halteverbot geparkt haben, vorbeikommen mußte – und bezahlen zähneknirschend und verärgert. Dem Israeli, vom Magengeschwür um Lichtjahre weiter entfernt als Sie, stehen zwei Optionen offen. Die dritte, von Ihnen gewählte, kommt nicht in Frage.

Option eins: Den Strafzettel entfernen und zerknüllt in den nächsten Mülleimer werfen. Da das Auto in der Regel nicht neben einem Mülleimer steht, sondern lediglich im Halteverbot, landet der Strafzettel eben auf der Straße. Das ist für den Anfang nicht schlecht. Mehr Lustgewinn jedoch verschafft Variante zwei: Den Strafzettel hinter den Scheibenwischer des nächstbesten Autos klemmen und hoffen, daß dessen Besitzer noch einfältiger ist als Sie und – ohne die Autokennzeichen zu vergleichen – den Strafzettel bezahlt. Der Nachteil: Es kann lange dauern, bis man erfährt, ob der Spaß gelungen ist.

Tatsache jedenfalls ist, daß es in einer israelischen Zeitschrift bereits ein Diskussionsthema war, ob man seine gesammelten Strafzettel bezahlen soll oder nicht. Ab einer bestimmten Gesamtsumme, deren Höhe adelt, denn wer da nicht mithalten kann, scheint seine Strafzettel ja pflichtgemäß sofort zu bezahlen, was eine bemitleidenswerte Form der Feigheit ist, ab einer bestimmten Gesamtsumme also muß man mit einem Zahlungsbefehl rechnen. Und wer auch diesen ignoriert, wird mit einer zusätzlichen Strafgebühr zur Kasse gebeten.

Das Dilemma bestand nun darin, daß die Zahlungsbefehle kurz vor den Kommunalwahlen in Tel Aviv verschickt worden sind – dieses Geld nämlich fließt in die Gemeindekasse. Was also, fragte sich der aufgeklärte Tel Aviver, ist in diesem Fall zu tun? Wer jetzt die Gesamtsumme begleicht, entgeht einer zusätzlichen Strafgebühr. Das ist nicht zu verachten. Doch was ist dieser kleine Vorteil gemessen an der Chance, daß der neue Bürgermeister vielleicht nach den Wahlen gegenüber den Parksündern Nachsicht übt, eine Amnestie erläßt und man überhaupt nichts bezahlen muß? Dann bereits bezahlt zu haben wäre unverzeihlich. Wahrlich ein Dilemma.

Aus der Tatsache, daß die Stadtverwaltung Tel Aviv Ende 1994 wegen nicht bezahlter Strafzettel Außenstände von umgerechnet rund 30 Millionen Mark hatte, läßt sich schließen, wie sich die Mehrzahl der säumigen Parksünder entschieden hat. Etwas anderes wäre auch ausgesprochen unisraelisch gewesen.

Das Motto lautet: Du hast keine Chance, aber nutze sie. Und danach handeln die Israelis, denn sie gehen davon aus, daß es sich dabei um die letzte Chance, die sie nicht haben, handelt. Der Umgangston im Lande ist deshalb oft genug ruppig, die Reizschwelle liegt niedrig, und die Ellbogen sind angriffsbereit ausgefahren. Nach der Devise »Alle denken an sich, nur ich denke an mich« haben die Israelis einen bemerkenswerten Egoismus entwickelt, der gelegentlich an Autismus grenzt, dann nämlich, wenn sie sich so verhalten, als gebe es außer ihnen niemanden auf der Welt. Das fängt bei Kleinigkeiten an, etwa der Fähigkeit, sein Auto genau da zu parken, wo es entweder den Verkehr erheblich behindert, zum Beispiel in einer Kurve, oder wo es eine Einfahrt blockiert. Da kann noch soviel Platz auf der Straße sein: Vor Nachbars Garage parkt es sich am besten. Sein Pech, wenn der gerade jetzt nach Hause kommt oder wegfahren will.

Dahinter verbirgt sich nicht böse Absicht, es ist vielmehr Gedankenlosigkeit. Bevor sich ein Israeli der Mühe unterzieht und sich Gedanken darüber macht, ob er mit seinem Auto den Verkehr oder eine Einfahrt blockiert, tut er das nächstliegende: er parkt erst einmal. Erstens könnte es ja sein, daß sich im Moment niemand gestört fühlt – und diese Chance zu nutzen, lohnt sich allemal –, zweitens fühlt ja er selbst sich nicht gestört – was von nicht zu unterschätzender Bedeutung ist –, und drittens kann man im Falle eines Falles immer noch wegfahren – und hat bis dahin möglicherweise erledigt, was man erledigen wollte. Wenn Sie ehrlich sind, müssen Sie zugeben, daß dies überzeugende Argumente dafür sind, sich genau so zu verhalten, wie es die meisten Israelis tun.

Natürlich gibt es auch in dieser Hinsicht Ausnahmen, nämlich vornehm-zurückhaltende Israelis, die Vorschriften beachten und sich an Regeln halten, doch den Alltag dominiert jene Spezies, die das Leben als Nahkampf versteht – vorzugsweise, wenn sie sich hinter dem Lenkrad eines Autos befindet. Dann paart sich die Gedankenlosigkeit mit Rücksichtslosigkeit – und diese Mischung ist gefährlich. Leider oft genug lebensgefährlich.

Es ist kein Zufall, daß auf Israels Straßen zwischen

1948 und 1995 mehr Menschen umgekommen sind als in den Kriegen, die Israel im gleichen Zeitraum geführt hat. Und das, obwohl die Höchstgeschwindigkeit 90 Stundenkilometer beträgt, lediglich auf wenigen Autobahnabschnitten sind 100 Stundenkilometer erlaubt. Offensichtlich hat die Fähigkeit, einen Panzer über Minenfelder zu steuern, mit der Kunst, einen Personenwagen von Tel Aviv nach Jerusalem oder Haifa zu fahren, nichts gemein, beziehungsweise vermögen Israelis zwischen diesen beiden Fortbewegungsarten keinen Unterschied zu erkennen.

Vielleicht ist das Grundproblem anatomischer Art: Eigentlich hat kein Israeli genügend Arme zum Autofahren. Jedenfalls dann nicht, wenn er das tut, was die meisten Israelis beim Autofahren tun. Der linke Arm hängt, sobald das Wetter es erlaubt, aus dem Fenster, und zwar so weit, daß der Ellbogen nur Millimeter davon entfernt ist, auf dem Asphalt zu schleifen. Mit der rechten Hand wird heftig gestikuliert, wie anders könnte er sich mit dem Beifahrer verständigen. Mit der – und jetzt wird es schwierig, denn die gibt es realiter nicht, aber mit irgendeiner Hand muß man ja das tragbare Telefon bedienen – und mit einer weiteren nicht existierenden Hand sollte das Lenkrad gehalten werden, ganz zu schweigen davon, daß gelegentlich der Schaltknüppel mit manueller Unterstützung betätigt werden muß. Dies alles zu koordinieren, also mit zwei Händen zu erledigen, wofür man eigentlich fünf brauchte, erfordert viel Geschick und ebensoviel Konzentration, so daß manches andere, weniger wichtige, zu kurz kommt.

Es kann Ihnen also passieren, daß Sie hinter einem Auto herfahren, daß so lange nach links blinkt, bis es nach rechts abbiegt. Sie sollten sich davor hüten, das Blinkzeichen als Absichtserklärung mißzuverstehen, es kann genausogut die Erinnerung an einen Spurwechsel sein, der bereits vor zehn Minuten erfolgt ist – oder nie. Wenn jedoch eine aus dem Fenster gestreckte Hand – Daumen, Zeige- und Mittelfinger zusammengepreßt – das Blinkzeichen verstärkt oder ersetzt, dann meint es jemand ernst. Und das ist relativ häufig der Fall, da die Israelis nichts davon halten, sich rechtzeitig links oder rechts einzuordnen, sondern die Spur erst wechseln, wenn dies unvermeidlich ist und ebenso unvermeidlich zu einem Stau führt.

Wie mit geringem Aufwand ein Höchstmaß an Chaos erreicht wird, das können Sie jeden Tag im israelischen Straßenverkehr beobachten. Da wird in bereits blokkierte Kreuzungen hineingefahren, bis nichts mehr geht: weder vorwärts noch rückwärts. Da wird an Stellen überholt, die jedem Hasardeur zur Ehre gereichen oder nur für Lebensmüde geeignet sind. Da fährt – auf einen Nenner gebracht – jeder nach seinen eigenen Regeln, so als wäre er allein auf der Straße unterwegs. Und Sie fahren am besten, wenn Sie so fahren wie alle. Wer glaubt, stur an irgendwelchen Vorschriften festhalten zu können, zieht meist den kürzeren – oder bekommt eine Lektion erteilt.

So ist es mir ergangen, als ich zu Fuß unterwegs war und mir in einer Einbahnstraße – selbstverständlich aus der falschen Richtung – ein Auto entgegenkam. In diesem Moment hat mich das geärgert, und ich habe dem Autofahrer – das Fenster war offen, der Arm draußen – zugerufen: »Hey, das ist eine Einbahnstraße.« Die Antwort kam ohne Zögern: »Ich weiß, mach dir keine Gedanken.« Das hätte ich mir denken können, aber jetzt weiß ich wenigstens ein prägnantes Beispiel, mit dem sich israelische Chuzpe erklären läßt.

Vielleicht ist die alltägliche Aggressivität die Folge der wenig normalen Lage, in der sich Israel und die Israelis seit über vierzig Jahren befinden. Wer in diesem Land aufgewachsen ist, hat zu kämpfen gelernt. Ob er oder sie wollte oder nicht. Eine Gesellschaft, die ständig auf der Hut sein muß, entwickelt wahrscheinlich auch im täglichen Miteinander Verhaltensweisen, die sich unter normalen Umständen so nicht herausbildeten. Dieser Staat hat von Anbeginn um seine Existenz kämpfen müssen, und zwar nicht abstrakt, sondern ganz konkret in Kriegen. Das prägt den Staat wie den einzelnen Bürger. Von 1948 an mußten sich die Israelis in einer Wagenburg verschanzen, abgelehnt von allen Staaten in dieser Region. Terror und Kriege bestimmten das Leben.

Dabei waren die Israelis nicht immer nur die Opfer, im Gegenteil. Sie haben von Anfang an die grausame Regel des Überlebens gelernt: Wer kein Opfer sein will, muß der Stärkere sein. Die militärische Stärke hat die Existenz des Staates Israel gesichert. Eine entscheidende Änderung ist 1967 eingetreten, als Israel im Sechstagekrieg die Golanhöhen, den Sinai, Ostjerusalem, das Westjordanland und den Gazastreifen eroberte. Damit wurde die israelische Armee zugleich eine Besatzungsarmee, die im Gazastreifen und Westjordanland gegen die palästinensische Bevölkerung kämpfte und ihren Widerstand unterdrückte oder unterdrücken sollte.

Das konnte nicht ohne Folgen bleiben, weder für die Moral der Armee, deren Ideal von der »Reinheit der

Waffen« im Kampf gegen rebellierende Zivilisten in die Brüche gegangen ist, noch für die Bevölkerung des Landes insgesamt, von der einer der schärfsten israelischen Gesellschaftskritiker, der 1994 verstorbene Religionsphilosoph Jeshajahu Leibowitz sagte: »Wir haben nunmehr keine anderen Wertinhalte als die jüdische Faust.«[4] Gefragt, was dies für das tägliche Leben bedeute, antwortete der hochbetagte Leibowitz gerne mit einer Gegenfrage: »Ja, sehen Sie das denn nicht selbst?« Für ihn war der Zusammenhang überdeutlich: Brutales Verhalten von Soldaten gegenüber Palästinensern mußte zu einer Brutalisierung der israelischen Gesellschaft führen und damit zu jener täglich erfahrbaren Aggressivität.

Der Druck von außen, der sich auf diese Weise im Inneren Luft macht, hat ja erst nach Jahrzehnten langsam nachgelassen. 1979 machte Ägypten als erstes arabisches Nachbarland Frieden mit Israel, 1993 folgten die Palästinenser, und ein Jahr später war Jordanien bereit, einen Friedensvertrag mit Israel zu unterzeichnen. Es ist noch ein langer Weg bis zu einer vollständigen Normalisierung der Verhältnisse im Nahen Osten, und damit dürfte die israelische Chuzpe noch für geraume Zeit im israelischen Alltag den Ton angeben.

Aber: Erstens gehört dieses Verhalten mittlerweile einfach zum Leben in Israel, macht seinen rauhen Charme aus, und zweitens: War es nicht schon von vorneherein Chuzpe, diesen Staat Israel 1948 unter den damaligen Umständen in dieser Region zu gründen? Womit bewiesen wäre, was zu beweisen war: Es geht gar nicht ohne Chuzpe.

Warum es gut ist, Hebräisch zu können, aber nicht notwendig

Shalom ist immer gut – und eigentlich bei jeder Gelegenheit passend. Schon dem Sicherheitspersonal auf dem Flughafen können Sie, unabhängig von der Abflugzeit, mit einem forschen *Shalom* entgegentreten. Es wird Sie nicht vor der akribischen Kontrolle bewahren, kann aber nicht schaden. Schließlich grüßt man sich in Israel seit der Gründung des Staates mit *Shalom*, ohne daß dies nachhaltige Wirkung gehabt hätte.

Shalom heißt Frieden – und ist somit keine Zustandsbeschreibung, sondern bestenfalls ein Wunsch, in jedem Fall aber ein sehr schöner Gruß. Und zudem jederzeit verwendbar. *Shalom* ist am Morgen ebenso passend wie um die Mittagszeit oder abends, und auch zum Abschied klingt ein freundliches *Shalom, Shalom* perfekt. Für einen Kurzurlaub in Israel reicht das schon fast.

Wenn Sie mit diesem Wortschatz ein Café betreten, kommen Sie erstaunlich weit: Sie lassen einfach dem freundlichen *Shalom* ein forderndes *Kaffee* folgen und antworten auf die Frage der Bedienung sicherheitshalber mit der Erläuterung *Filter* oder, falls Ihnen das lieber ist, mit *Nes*. Dann sollten Sie nicht allzuviel später einen Nescafé oder einen Filterkaffee bekommen, den Sie je nach Bedarf mit *Sukar* (Zucker) oder *Sukrasit* (Süßstoff) süßen.

Sollten Sie Reste Ihres deutschen Umweltbewußtseins mit nach Israel gebracht haben, empfiehlt es sich freilich auf den Filterkaffee zu verzichten. Nicht wegen irgendwelcher Schadstoffe oder wegen Ausbeutung der Kaffeeanbauer in der Dritten Welt, nein, aus dem Grund, den Sie nicht übersehen können, wenn der Filterkaffee vor Ihnen steht. In den meisten Lokalen werden Sie nämlich eine Tasse serviert bekommen, auf der ein gleich großes Plastikgefäß steht. Dies ist der Filter samt dazugehörigem gemahlenen Kaffee. Nun wird kochendes Wasser in das Plastikgefäß geschüttet, und in Ihre Tasse tropft der fertige Kaffee. Auch in Privathaushalten müssen Sie damit rechnen, daß Ihnen dergleichen auf den Tisch gestellt wird, wenn Sie nach einem Filterkaffee verlangen. Plastikgefäß nebst dem Kaffeepulver landen nach Gebrauch selbstverständlich im Mülleimer; nicht unerwähnt sollte bleiben, daß zu dem tassenähnlichen Plastikgefäß ein Deckel gehört – ebenfalls aus Plastik. Also vielleicht doch ein *Nes*, da weiß man, was man hat: Fertigkaffee, aufgebrüht in einer normalen Tasse oder in einem Glas. Zwar wird Kaffee heute meistens in Tassen serviert, doch ein Israeli wird fast immer fragen: »Noch ein Glas Kaffee?« (*Od koss kaffee?*), weil Kaffee traditionellerweise aus Gläsern getrunken wurde.

Um den kleinen Caféhaus-Sprachkurs fortzusetzen, seien Ihnen noch drei weitere Arten von Kaffee angeboten. *Bots* sieht aus wie der Name besagt. *Bots* heißt Schlamm und ist ein schwarzer ungefilterter Kaffee. Auf das Kaffeepulver im Glas wird einfach heißes Wasser gegossen, man wartet, bis das Pulver sich gesetzt hat (Voreilige verbrennen sich nicht nur die Lippen, sondern haben obendrein Kaffeepulver zwischen den Zähnen), und kann nach Belieben noch Zucker und Milch darunter rühren. *Hafuch* ist die israelische Variante des Cappuccino, also Kaffee mit aufgeschäumter Milch; weil die Milch auf den Kaffee gegossen wird, nennt man ihn *Hafuch*: verkehrtherum. Dieser Kaffee wird oft in langen Gläsern auf den Tisch gebracht.

Bleibt noch der *Türkie*, der, wie leicht zu erkennen, türkische Kaffee: Kaffeepulver und Zucker werden zu gleichen Teilen, gewürzt mit Kardamom, aufgekocht und in kleinen Tassen oder Gläsern serviert, in denen der Kaffeesatz den Boden bedeckt. Bei den Palästinensern ist der türkische Kaffee ebenfalls beliebt und als arabischer Kaffee (manchmal nicht gesüßt) bekannt. Beide Namen haben ihre Berechtigung, schließlich waren die Türken 400 Jahre lang die Herren im Lande, aber das zeigt auch wieder sehr schön, wie viel Israelis und Palästinenser zum Beispiel bei der Küche gemeinsam haben und wie wenig sie das wahrhaben wollen.

Falls Ihnen im Café nicht nach dem schwarzen Gebräu zumute ist, dann bestellen Sie einfach *Tee*, nur etwas kürzer gesprochen als im Deutschen, und Sie bekommen Tee. *Nana-tee* (so gesprochen wie gelesen) klingt in Ihren Ohren vermutlich etwas komisch, wird Sie einem Israeli aber als Kenner ausweisen: Das ist der sehr beliebte Pfefferminztee. Nicht ein schlapper Teebeutel färbt das heiße Wasser, sondern frische Pfefferminzblätter. Oft gehört ein Teebeutel mit schwarzem Tee dazu, den man bei Bedarf zusätzlich in das Wasser taucht. Oder Sie verraten, wo Sie herkommen, und verlangen nach einem *Bira* und erhalten, richtig: ein Bier. Damit weiß der Kellner, daß Sie aus *Germania* kommen, denn uns hängt auch in Israel der Ruf an, gute Biertrinker zu sein.

Von den Israelis kann man das nicht sagen. Wenn wir Gäste hatten, ließ sich an den geleerten Flaschen leicht ablesen, wer dagewesen war: Häuften sich Saft-, Limonaden- und Colaflaschen – und dazu noch zwei Kannen Kaffee –, waren Israelis zu Gast. Leere Bier- und Weinflaschen zählen zur Hinterlassenschaft deutscher Gäste.

Dabei ist das Angebot in den letzten Jahren proportional zum Durst der Israelis erheblich gewachsen. Bis vor wenigen Jahren gab es in Israel zwei Biersorten: Die eine hellgelb und von Experten als »Kopfwehmacher« bezeichnet, die andere dunkler und für Freunde der Umwelt gebraut, weil sie als einzige (der zwei) israelischen Biersorten in Mehrwegflaschen geliefert wird. Allerdings sollte man davon nicht zu viel auf einmal nach Hause schleppen. Als ich einmal anläßlich einer Geburtstagsparty mit vielen Gästen (darunter viele Deutsche, siehe oben) drei Bierkästen im Supermarkt holte, meinte der Verkäufer leicht kritisch: »Sie trinken aber viel Bier.«

Doch die Israelis holen auf, wozu auch die vielen internationalen Biersorten beitragen, die in den letzten Jahren in den Regalen der Supermärkte aufgetaucht sind. Eine – wie stets – gnadenlose Statistik nennt die nackten Zahlen: Von 1980 bis 1994 hat sich der Alkoholkonsum der Israelis verdoppelt – von einem auf zwei Liter reinen Alkohol pro Jahr. (Was Statistiker so alles ausrechnen.) Keine Angst, die Deutschen sind mit zwölf Litern pro Mann, Frau und Kind im Jahr Spitze geblieben. Dennoch waren die Israelis besorgt, als ihnen diese

Zahlen präsentiert wurden, denn in einer Zeitung stand wie zur Entschuldigung, daß der Anstieg auf die Einwanderer aus der ehemaligen Sowjetunion zurückzuführen sei, die »gewohnheitsmäßig mehr alkoholische Getränke konsumieren«. Unausgesprochen heißt das: Ein richtiger Israeli tut so etwas nicht.

Sollten Sie aus diesem kleinen Getränkeexkurs den Schluß ziehen, so schwierig könne es nicht sein, Hebräisch zu lernen, dann unterliegen Sie einer Täuschung. Natürlich ist Hebräisch eine ganz einfache und logisch aufgebaute Sprache, die sich einem logischen Verstand sofort erschließt – behaupten all diejenigen, die diese Sprache beherrschen. Dieser Vorstellung zum Trotz sind die Versuche von Naomi, uns Hebräisch beizubringen, nicht sehr weit gediehen. Da Naomi eine ungewöhnlich engagierte und phantasievolle Lehrerin ist, muß es entweder an unserem Verstand oder an der Sprache liegen, daß wir über ein gehobenes Caféhaus-Hebräisch nicht hinausgekommen sind.

Mitteleuropäer tun sich schwer mit dieser semitischen Sprache, die nun einmal von den indogermanischen Sprachen weit entfernt ist. Der Besuch im Café täuscht deswegen, weil Hebräisch, die Sprache der Bibel, in Israel wiederbelebt wurde und weil deshalb viele Worte des modernen Alltags erst auf Hebräisch »erfunden« werden mußten beziehungsweise mehr oder minder direkt in die Umgangssprache übernommen wurden.

In Noahs Arche gab es noch kein tragbares Telefon, sonst hieße es vielleicht anders als heute, da auch wir gut verstehen, was gemeint ist, wenn von einem *Pelefon* die Rede ist. Der Fortschritt hilft uns auch bei den Telefonzellen. Bis vor wenigen Jahren benötigte man dafür noch spezielle Telefonmünzen und mußte das Wort dafür (*Assimonim*) kennen, wollte man sie auf der Post kaufen. Heute merken Sie sich gar nichts und verlangen auf der Post freundlich vernuschelt eine Telefonkarte. Wenn sich das so anhört wie *Telecard*, dann bekommen Sie die gewünschte Telefonkarte.

Abgesehen davon, daß es möglicherweise wirklich nicht so leicht zu erlernen ist, wie die Israelis zuvorkommend und gerne behaupten, ist das entscheidende Problem mit dem *Iwrit* genannten Neuhebräisch: Man kann durch Israel relativ problemlos reisen, ohne es zu können. Es gibt Länder, die zu bereisen wenig Sinn hat, wenn man nicht wenigsten rudimentäre Kenntnisse der Landessprache mitbringt. In den USA dürfte man ohne Englisch nicht sehr weit kommen. In Israel gilt faszinierenderweise das Gegenteil. Für einen Israel-Aufenthalt genügt es, daß man allenfalls *Shalom* in der Landessprache aussprechen kann. Das liegt an der ausgesprochen vielsprachigen Bevölkerung des Landes.

Natürlich spricht, wer mit Touristen zu tun hat – ob in Jerusalem, Akko, Tel Aviv oder Natanja –, die notwendigen Brocken Englisch oder Deutsch, um die Reisenden in sein Geschäft zu locken, wobei es immer wieder überraschend ist, mit welcher Treffsicherheit zum Beispiel die Händler in der Altstadt von Jerusalem den Touristen schon an der Nasenspitze – oder ist es vielleicht doch das T-Shirt? – ansehen, woher er oder sie kommt. In Hotels und Jugendherbergen ist es nie schwierig, englischsprachiges Personal zu finden, viele der besseren Lokale haben längst zweisprachige (Englisch und Hebräisch) Speisekarten, für Straßenschilder gilt das gleiche, sie sind oft sogar dreisprachig (Hebräisch, Arabisch, Englisch).

Seit Ende der achtziger Jahre fast eine halbe Million Einwanderer aus der ehemaligen Sowjetunion nach Israel gekommen sind, ist nicht nur der Alkoholkonsum gestiegen, sondern hat auch die Zahl russischer Aufschriften zum Beispiel auf Konservendosen in Supermärkten zugenommen. Abgesehen davon ist die Umgangssprache an Supermarktkassen inzwischen längst Russisch, weil die Mehrzahl der Kassiererinnen aus der ehemaligen Sowjetunion stammt. Man kann wirklich nur vor Neid erblassen, wenn man merkt, wie viele Israelis mehr als eine Sprache beherrschen. Selbst die aus Rußland stammenden Kassiererinnen im Supermarkt sprechen natürlich nicht nur die Sprache ihrer alten Heimat, sondern auch Hebräisch und meist noch ein paar Brocken Englisch.

Die Einwanderer aus aller Herren Länder geben ihre Sprache in der Regel an die nächste Generation weiter, so daß ihre Kinder von klein auf zweisprachig aufwachsen. In der dritten Generation verliert sich diese Sprache oft. Das erklärt, warum Sie heute vorwiegend ältere, aber kaum junge Israelis treffen, die Deutsch können. Die Sprachkenntnisse spiegeln nicht zuletzt die Geschichte dieses Volkes wider. Wenn Sie jemanden fragen, »Woher können Sie so gut Deutsch?«, müssen Sie, wie bei dem Taxifahrer Abraham, auf die Antwort, »Das habe ich im Ghetto von Lodz gelernt«, gefaßt sein. Unsere Freundin Hedva wiederum versteht Deutsch, spricht es aber nicht, es stehen ihr freilich genügend Sprachen zur Verfügung: Hebräisch, Englisch und Griechisch. Ihr Mann Philip, ein aus Griechenland stammender Jude, beherrscht Griechisch, Hebräisch und Englisch, und mit ihren drei Töchtern sprechen sie nach Phillips Aussage *Mishmash*. In manchen Familien herrscht tatsächlich nahezu babylonisches Sprachgewirr – und das hilft natürlich dem Ausländer, der fast immer damit rechnen darf, jemanden zu finden, mit dem er sich verständigen kann. Wenn nicht in seiner oder des Israelis Muttersprache, so vermutlich in einer dritten Sprache.

Etwas schwieriger gestaltet sich die Verständigung mit der arabischen beziehungsweise palästinensischen Bevölkerung Israels. Zwar sprechen nahezu alle israelischen Palästinenser zwei Sprachen, nämlich Arabisch und Hebräisch, aber selten eine dritte. Da, wo Touristen hinkommen – in Nazareth, Akko oder im arabischen Teil der Jerusalemer Altstadt – wird Ihr Englisch selbstverständlich verstanden, doch darüber hinaus werden Sie sich schwerer tun als unter der jüdischen Bevölkerung Israels, Gesprächspartner zu finden, die Englisch oder Deutsch können.

Erstaunlich ist übrigens, wie wenige der jüdischen Israelis Arabisch können – abgesehen von jenen, die aus arabischen Ländern nach Israel eingewandert sind. Und das, obwohl Arabisch und Hebräisch die offiziellen Sprachen Israels sind. Auch das ist eine Folge des Konflikts mit den Palästinensern und mit den arabischen Staaten: Wer hat schon große Lust, die Sprache des Feindes zu lernen? Wer sie beherrscht, dem gereicht das nicht zum Nachteil. Viele der geheimen und lukrativen Geschäfte mit arabischen Staaten wickeln Israelis ab, die mit der Sprache ihrer Geschäftspartner vertraut sind.

Sie aber können beruhigt nach Israel reisen: Sie werden verstanden, Sie werden verstehen, worum es geht, egal ob im Restaurant, im Hotel oder auf der Straße, Sie können Straßenschilder lesen – und sich auch über die Nachrichtenlage informieren. Abgesehen von der medialen Einfalt, die mittlerweile über Fernsehbildschirme in aller Welt flimmert und Sie mit den englischsprachigen Informationen von CNN und BBC, in verkabelten Haushalten wie in Hotels zudem mit Programmen aus Deutschland versorgt, unterrichtet Sie auch der israelische Rundfunk über die Ereignisse des Tages. Das Fernsehen sendet einmal täglich englischsprachige Nachrichten, das Radio sogar mehrfach, obendrein in französisch und spanisch. Über die Frequenzen und Sendezeiten können Sie sich in der Freitagsausgabe der *Jerusalem Post* informieren.

Spielfilme werden Ihnen im Fernsehen wie im Kino im wesentlichen in der Originalfassung mit Untertiteln präsentiert. Für den kleinen israelischen Markt lohnt sich die Synchronisation nicht, umgekehrt – aber da muß man sich im Einzelfall informieren – haben israelische Kinofilme oft englische Untertitel.

Internationale Filmproduktionen sind sehr bald in israelischen Kinos zu sehen, oft vor dem Erscheinen in Deutschland. Das Kinoprogramm finden Sie – sollten Ihre Hebräischkenntnisse noch nicht ausreichen – ebenso wie eine Wochenvorschau auf das Fernsehprogramm inklusive der Kabelkanäle in der erwähnten Freitagsbeilage der *Jerusalem Post*.

Diese Zeitung erscheint täglich von Sonntag bis Freitag und bietet ein umfassendes Bild von der Lage in Israel – mit einer deutlichen politischen Schlagseite nach rechts in den Kommentaren. Sportpolitisch ist die *Jerusalem Post* ebenfalls einseitig, das heißt amerikanisch-englisch orientiert. Sie erfahren nahezu alles über die englischen Fußballigen und über die Eishockey-, Baseball- und Basketballszene in den USA, aber wenn Sie die Ergebnisse der deutschen Fußballbundesliga interessieren, suchen Sie in dieser Zeitung oft vergeblich oder finden bestenfalls etwas im Kleingedruckten.

Alle zwei Wochen erscheint der englischsprachige *Jerusalem Report*. Ein gut gemachtes und recherchiertes Magazin, das zu lesen sich lohnt, will man etwas mehr über dieses Land wissen. Natürlich können Sie sich auch eine französischsprachige Ausgabe der *Jerusalem Post* kaufen beziehungsweise diverse russische Zeitungen und – fast vergessen, weil fast bedeutungslos – die deutschsprachigen *Israel Nachrichten*. Gegen alle Wirtschaftlichkeit und Wahrscheinlichkeit gibt es dieses Blättchen noch, was allein schon bewunderungswürdig ist. Auf Zeitungen aus Deutschland müssen Sie in Israel nicht verzichten, einen Tag nach Erscheinungsdatum sind sie hier am Kiosk oder in der Buchhandlung »Steimatzky« zu relativ hohen Preisen erhältlich. Gleiches gilt für die führenden Organe der internationalen Presse. Sie können sich in Israel umfassend über die Lage in der Welt informieren.

Für Neueinwanderer gibt es eine Zeitung für Hebräisch-Anfänger: Dort sind die Schriftzeichen punktiert, geben dem Leser also einen Hinweis auf die fehlenden Vokale. Nicht nur daß Hebräisch von rechts nach links geschrieben wie gelesen wird, zu allem Überfluß kennt diese Sprache keine Vokale. Das führt dazu, daß man sich einem von rechts nach links verlaufenden Konsonantensalat gegenübersieht und mehr errät als liest, was da stehen könnte.

Das Fehlen der Vokale bleibt nicht ohne Folgen: Ein israelischer Bekannter namens Schnabel war für die Beamten seiner Bank jahrelang der Herr Schenbal. Dergleichen passiert, weil der geschriebene Name lediglich Konsonanten aufweist und offenläßt, welcher Vokal an welche Stelle gehört. Da man sich im täglichen Umgang auch offiziell mit Vornamen anspricht, war nicht aufgefallen, daß aus dem guten Herrn Schnabel ein Herr Schenbal geworden war.

Dieses Beispiel spricht übrigens für die These, daß man Hebräisch sehr leicht lesen kann, vorausgesetzt, man weiß, was dort steht. Im Zusammenhang läßt sich auch im Konsonantensalat ein Sinn erkennen, ausgenommen bei Namen. Die Stadt Natanja am Mittelmeer ist auf Landkarten oder in Broschüren oft Netanja geschrieben, was aber niemanden stört, höchstens Sie irritiert. Es bedarf also, um Hebräisch zu lernen, auch einer Portion Phantasie.

Um Anfängern das Lesen zu erleichtern, gibt es das punktierte Hebräisch. Eine Art Blindenschrift für Anfänger. Die Punkte jedenfalls stehen für Vokale und helfen tatsächlich beim Entziffern. Die Zeitung mit jenem punktiertem Hebräisch sieht allerdings aus, als seien Hühner darüber gelaufen.

Die drei hebräischen Tageszeitungen des Landes stehen in einem erbitterten Wettbewerb, wobei eine, *Haaretz*, versucht, ihr Niveau als seriöse Zeitung zu halten, und die beiden anderen, *Yedioth Achronoth* und *Maariv*, im Kampf um die Leser jede Scham- und Schmerzgrenze zu überschreiten bereit sind. Alle drei Zeitungen zeichnen sich dadurch aus, daß sie fast jeden Tag irgendein angeblich sensationelles Geheimpapier der Regierung veröffentlichen, über das schon einen Tag später niemand mehr spricht. Daß sich in diesen Zeitungen alles um Israel dreht, versteht sich von selbst, denn inzwischen sollten Sie wissen, daß Israel der Nabel der Welt ist (für Israelis jedenfalls). Ein gewisser Hang zur Hysterie ist den israelischen Medien ebensowenig abzusprechen wie eine gewisse Flexibilität, wenn es darum geht, die gestern geäußerte Meinung heute für überholt zu erklären (was aber möglicherweise eher ein journalistisches, denn ein israelisches Phänomen ist).

Informationsquellen also finden Sie in Israel zuhauf, und die beste, nicht gleichbedeutend mit zuverlässigste, ist immer noch der Israeli, mit dem Sie gerade sprechen. Von ihm erfahren Sie nämlich nicht nur, was gerade geschieht, sondern obendrein gratis, was die Stunde geschlagen hat. Die Mehrheit der Israelis ist geradezu nachrichtenabhängig. Wenn sie nicht halbstündlich von den Radionachrichten auf dem laufenden gehalten werden, dann entwickeln sie bereits erste Entzugserscheinungen: Nervosität, Ratlosigkeit, das Gefühl, sich in der Welt – und das ist Israel – nicht zurechtzufinden. Allerorten tönt das Radio im Hintergrund: im Obstladen, im Bus, im Büro. Mit dem Zeitzeichen für die volle oder halbe Stunde wendet sich die Aufmerksamkeit den Nachrichten zu – und binnen Sekunden wieder ab, sofern nichts Neues gemeldet wird. Deshalb können Sie wirklich nahezu an jeder Straßenecke von jedem beliebigen Israeli erfahren, was sich gerade tut – zumindest so ungefähr.

Interessanter ist allerdings, was Ihr Gesprächspartner

davon hält – von der Lage der Welt, Israels und überhaupt. Die Israelis sind in dieser Hinsicht offen, halten mit ihrer Meinung nicht hinter dem Berg und wissen im Zweifelsfall, wie das Problem zu lösen ist. Welches? Egal. Bescheidenheit ist keine Zier. Der Israeli muß erst noch gefunden werden, der nicht bereit ist, von heute auf morgen die Regierung zu übernehmen und das Land in die richtige Richtung zu lenken.

Todah, »dankeschön«, sagen Sie da am besten nur. Oder *Beseder*, wenn Sie das »in Ordnung« finden, denn das bedeutet es. Und schon haben Sie Ihren Wortschatz wieder um zwei wichtige Worte erweitert. Keine Angst, das wird jetzt kein kleiner Sprachkurs, denn die wichtigsten Worte kennen Sie bereits. Angefangen mit der Mehrzweckwaffe *Shalom* über die allgegenwärtige *Chuzpah* (auf dem »a« betont) bis hin zum höflichen *Todah*. Seltener werden Sie *Bewakascha* hören, das heißt »bitte« und fällt im Eifer des Gefechts oft weg.

Wenn Sie in einer Schlange stehen – Sie stehen, die anderen drängeln, aber das hatten wir schon –, kann Sie jemand im Vorbeidrängeln mit einem *Sawlanut* trösten wollen. Das ist etwas, das man in Israel braucht, aber kaum jemand besitzt: »Geduld«. Sie haben diese Geduld natürlich und stehen irgendwann am Schalter, da hält Ihnen die Verkäuferin oder der Schalterbeamte Daumen, Zeigefinger und Mittelfinger zusammengepreßt entgegen, schüttelt die Hand vor Ihrer Nase auf und ab und sagt: *Rak Rega*. Pech gehabt, das heißt nämlich »Moment mal« und ist zusammen mit der Handbewegung eine typisch israelische Äußerung. Jetzt brauchen Sie wieder *Sawlanut*, denn, wer wüßte das nicht, ein »Moment« ist ein sehr elastischer Begriff. Nur eines ist sicher, sobald Sie *Rak Rega* hören: Es passiert erst einmal nichts oder nicht das, was Sie wünschen.

Falls Sie der Übermut packt und Sie meinen, *Shalom* allein reiche nicht aus, dann sagen Sie beim Frühstück *Boker tow*, am Abend *Erev tow* und vor dem Schlafengehen *Laila tow*. Sollte es jetzt langsam, aber sicher durcheinandergehen bei Ihnen, dann haben Sie den israelischen Grundzustand erreicht: *Balagan*, ein Durcheinander eben, ein schlichtes Chaos. Darum noch etwas Klarheit zum Schluß und ein Trost: Klarheit schaffen Ja und Nein, *Ken* und *Lo* sind eindeutig. Sie wollen es etwas weniger eindeutig? Sehr gut. Sagen Sie einfach *Kenwelo*, daß heißt »ja und nein«, läßt Ihnen alle Chancen offen und ist deswegen die stets auf alle Fragen passende Antwort.

Der Trost ist notwendig, denn erste Anfangserfolge im Hebräischen kommen oft zu einem abrupten Ende. Wer sich wirklich unterhalten will, stellt fest, daß dies doch besser auf Englisch, Deutsch, Französisch oder Spanisch möglich ist als in jener biblischen Sprache Hebräisch. Natürlich freut sich jeder Israeli, wenn ihm ein Ausländer ein freundliches *Shalom*, *Boker tow*, *Kaffee bewakascha* entgegenschmettert, indes beschränkt sich eine Konversation in der Regel nicht auf solche Dialoge und dann, ja dann ist oft alles Bemühen um das Hebräische vergessen.

So ähnlich muß es wohl jener alten Dame gegangen sein, von der mir der israelische Publizist Uri Avnery einst erzählt hat. Sie ist noch vor der Gründung des Staates Israel aus Deutschland nach Palästina eingewandert und ist zusammen mit dem Staat Israel alt geworden. Doch eines hat sie nicht geschafft: zeit ihres Lebens hat sie kein Hebräisch gelernt. Sie hat das Leben in Israel auch ohne Hebräisch problemlos gemeistert, doch es hat sie beschäftigt, daß sie diese Sprache nicht gelernt hat. Denn sie hat immer gesagt: »Ich schäme mich ja so, daß ich kein Hebräisch kann, aber es ist leichter, sich zu schämen, als Hebräisch zu lernen.«

Wie das Leben, so die Küche – international

*B*ete-awon – um dieses Wort müssen Sie doch noch Ihren Hebräisch-Wortschatz erweitern; es geht jetzt ums Essen, und da sollten Sie schon »Guten Appetit« sagen können. Im übrigen müssen Sie nur Hunger mitbringen, denn zu den Gefahren, die in Israel lauern, wird eine mit Sicherheit nicht gerechnet, nämlich die, daß jemand verhungern könnte. Gegenteilige Befürchtungen sind eher angebracht.

Wer sich nicht beherrschen kann, sieht sich an jeder Straßenecke der Versuchung ausgesetzt, bei einer der zahllosen Bäckereien süße Kleinigkeiten einzukaufen, sich Sandwiches zubereiten zu lassen, Nüsse und Sonnenblumenkerne zu knacken oder an einem der einladenden Falafelstände haltzumachen. Diese verschiedene Formen von Imbißbuden oder Schnellrestaurants, bei denen man gewissermaßen im Vorbeigehen eine Kleinigkeit essen kann, kommen offensichtlich dem sehr israelischen Befürfnis entgegen, alles möglichst »auf die Schnelle« – *Tschick-tschak* sagt man dazu – zu erledigen.

Man muß sich nicht lange hinsetzen: ein paar Plastikstühle auf dem Gehsteig oder an einer Tankstelle taugen nur für eine kurze Unterbrechung der Tätigkeit; kein Warten auf die Bedienung weil man sich selber mit seiner Bestellung nach vorne drängelt. Es gibt scheinbar nur eine Regel: Je belebter eine Kreuzung, je beliebter eine Tankstelle ist, desto größer ist die Wahrscheinlichkeit, daß sich genau dort, zwischen Auspuffrohren und Motorengedröhn, eine stets überfüllte Schnellgaststätte befindet. Vielleicht gibt es einen geheimen, noch nicht erforschten Zusammenhang zwischen der Mobilität der Israelis und ihrem Wunsch, die Nahrungsaufnahme mit dem Gefühl zu verbinden, unterwegs zu sein.

Es ist deshalb sicher kein Zufall, daß eines der beliebtesten Gerichte Israels auf der Straße eingenommen wird. Wobei »eingenommen« eine vornehme Umschreibung des Versuches ist, ein Fladenbrot, aus dem an allen Seiten die Salatsoße heraustropft, zu essen, ohne daß einem die Soße in die Ärmel läuft oder auf die Hose kleckert. Falafel zu essen erfordert in der Tat ein gewisses Geschick, was Sie dem einheimischen Falafelesser auch sofort ansehen. Der nämlich steht leicht nach vorne gebeugt oder zur Seite geneigt auf der Straße, während er seine Falafel verzehrt.

Falafel ist der »israelische Hamburger« und – wenn man es genau nimmt – gar keine israelische, sondern eine arabische Erfindung. Doch die Israelis haben sich diesen Imbiß mit solchem Enthusiasmus angeeignet, daß er heute wirklich als das israelische Nationalgericht gelten kann. Falafel sind fritierte Kugeln aus Kichererbsenbrei, die in ein oben aufgeschnittenes Fladenbrot, Pita genannt, gestopft werden. Das allein wäre ja ungefährlich, mithin langweilig und wenig schmackhaft. Deshalb wird das Pitabrot noch bis zum Überquellen mit Salaten und Salatsoßen gefüllt. Sehr gerne werden Pommes frites in das Brot gestopft, Jugendliche lieben diese Füllung in der Kombination mit dem unvermeidlichen Ketchup. Unverzichtbar aber ist die helle Tahina-, eine Sesamsoße, und natürlich eine der scharfen roten Chillisoßen – schon wegen der schönen Flecken auf der Hose. Für die Füllung tragen Sie selbst die Verantwortung, und damit auch für den Schaden, den sie gegebenenfalls anrichtet.

An den Falafelständen bedient sich der Kunde selbst. Die Qual der Wahl führt meistens dazu, daß die Menge der Salate und Soßen das Fassungsvermögen des Pitabrotes übersteigt. Falafelstände sind eine farbenfrohe Verführung. Man muß gar keinen Hunger haben, um Appetit zu bekommen, wenn man die bunte Reihe der Salate sieht, dazu die Soßen, Gewürze, eingelegten Leckereien. Um dem Dilemma zu entgehen, sich entweder zu viele Salate auf einmal in das Pitabrot zu häufen und damit die Reinigungskosten für die Kleidung zu erhöhen oder aber schweren Herzens auf einige Salate zu verzichten, sind professionelle Falafelesser dazu übergegangen, ihr Pitabrot in einem ersten Anlauf etwa zur Hälfte leer zu essen, um noch einmal guten Mutes Salate nachzuladen. So erhalten sie zudem mehr für ihr Geld. Und das erwartet ein Israeli beim Essen in jedem Fall: Die Menge zählt.

Eine fleischgefüllte Variante der Falafel heißt Schowarma. Statt der fritierten Kichererbsenkugel ist Fleisch die unterste Schicht in einem Pitabrot. Das Fleisch wird wie das griechische Gyros in kleinen Stücken von einem Spieß gesäbelt. Und darauf wieder: Pommes frites, Salate, Soßen und alle Herrlichkeiten, die Sie in das Pitabrot pressen können. Schon dieser Imbiß – egal ob Falafel oder Schowarma – weist die Einflüsse auf, die sich in der israelischen Küche bemerkbar machen.

Das Wort Falafel leitet sich vom arabischen Wort für Pfeffer ab und benennt somit den Ursprung des Gerichts. Und die Nähe des Schowarma zum griechischen Gyros oder türkischen Döner ist mitnichten Zufall, denn die Türken haben während ihrer 400jährigen Herrschaft nicht allein den türkischen Kaffee hinterlassen. Die Akrobatik mit dem triefenden Pitabrot können Sie sich übrigens sparen, ohne auf den kulinarischen Genuß verzichten zu müssen, wenn Sie sich in einem Lokal eine Mezze bestellten. Die Mezze ist eine arabische Vorspeisenplatte und dürfte Türkei- oder Griechenland-Reisenden aus dem bereits erwähnten Grund bekannt vorkommen.

Im Lokal wird der Falafelstand gewissermaßen vor Ihnen auf dem Tisch aufgebaut. Auf kleinen Tellern werden Ihnen Humus, der Kichererbsenbrei, mit Tahina, der Sesamsoße, und zahlreiche Salate gereicht. Meist ist auch Labaneh, ein joghurtähnlicher Käse, dabei, Oliven dürfen nicht fehlen und eingelegte Gurken. Bis zu zwanzig Teller zaubert ein Kellner vor Sie hin. Gegessen werden diese Köstlichkeiten mit dem unvermeidlichen Pitabrot, nicht etwa mit der Gabel. Humus mit einem Stück Pitabrot vom Teller zu wischen, ist ein Vorgang, dem Eleganz nicht abgesprochen werden kann. An so einer Mezze kann man sich, obgleich es eine Vorspeise ist, spielend satt essen. Da ein bißchen und dort ein bißchen probiert, und dort noch einmal, weil der eingelegte Krautsalat so gut ist... es macht Spaß, nicht viel auf einmal zu essen, sondern immer wieder da und dort das Pitabrot einzutauchen, mit dem Brot nach den Salaten zu greifen.

Apropos Salat: Der klassische israelische Salat besteht

aus sehr klein geschnittenen Gurken und Tomaten, angemacht mit Zitronensaft und mit Minzeblättern gewürzt. Er schmeckt herrlich frisch und ist für das Wohlbefinden der Israelis unverzichtbar; davon legt die »Tomatenkrise« Zeugnis ab. Zu der kam es, als in Israel plötzlich Mangel an Tomaten herrschte. Da mußte sich der Landwirtschaftsminister einschalten, erörterten die Zeitungen das Problem auf ihren Titelseiten, wurde der Import von Tomaten erwogen. Alles schien erträglich, aber der Verzicht auf Tomaten drohte die Nation aus dem Gleichgewicht zu bringen.

Nach der Vorspeisenplatte erwartet Sie in der Regel nichts Sensationelles, sondern israelische Hausmannskost auf arabischer Basis: Kebab oder Schaschlikspieße, der berühmte St.-Peter-Fisch, der längst nicht mehr aus dem See Genezareth stammt und abschließend ein türkischer Kaffee. Lokale, die ungefähr diese Palette auf ihrer Speisekarte haben, finden Sie im ganzen Land. Sie können keine falsche Entscheidung treffen, wenn Sie dort essen, wo Einheimische anzutreffen sind. Idyllisch geht es da eher selten zu, dafür oft hemdsärmelig und handfest, aber was kann man an einer Tankstelle oder einem ähnlich romantischen Platz anderes erwarten.

Erst in den letzten Jahren hat sich die Einstellung der Israelis zum Essen gewandelt. Bis dahin galt, weil der Mensch essen muß, bringt man es möglichst schnell und ohne großen Aufwand hinter sich, schließlich gibt es Wichtigeres zu tun, als daß man seine Zeit mit der Nahrungsaufnahme vertun könnte. Vor allem sättigend mußte das Essen sein. Diese Auffassung herrscht ungebrochen. Große Portionen sind für viele Israelis der Ausweis guter Qualität. Je voller die Teller, desto besser ist in israelischen Augen ein Restaurant. Deshalb sind die überreichlichen Frühstücksbuffets in den Hotels so beliebt. Dabei steht das, was sich die Israelis erwartungsvoll auf die Teller laden, in keinem Verhältnis zu dem, was sie dann tatsächlich essen. Nach dem Motto »Was man hat, das hat man« wird das Büffet erst einmal abgeräumt.

Das Angebot ist in der Tat meistens bemerkenswert und läßt einen gute Vorsätze leicht schon beim Frühstück vergessen: Joghurts und Marmeladen, die verschiedensten Käsesorten, Tomaten, Gurken und Oliven, Eier in allen Zubereitungsarten, Obst, Müsli, Fisch und was nicht noch alles. In jedem Fall mehr, als ein normaler Magen zum Frühstück verträgt. Das verführt manche Gäste dazu, sich gleich beim Frühstück für den Rest des Tages satt zu essen, während andere verstohlen gekochte Eier, Gebäck und dergleichen mehr in ihren Taschen verschwinden lassen – man hat ja schließlich dafür bezahlt.

Stichwort bezahlen: Das Essen in einem israelischen Restaurant kostet Sie im Regelfall etwas mehr, als laut Rechnung von Ihnen verlangt wird. Die Bedienung erwartet, daß Sie Trinkgeld auf dem Tisch zurücklassen. Meistens verrät Ihnen das der dezent klein gedruckte englische Vermerk auf der Rechnung: *Service not included.* Zehn bis 15 Prozent des Rechnungsbetrages sind üblich – und die sollten Sie auch lockermachen, denn das Bedienungspersonal bezieht kein festes Einkommen, sondern lebt vom Trinkgeld.

Warum der Service dennoch mancherorts dermaßen schlecht ist, daß der Gast sich wie ein Eindringling vorkommt, läßt sich mit dem grundsätzlichen Mangel an

Fingerspitzengefühl erklären, der Israelis offensichtlich zu eigen ist. Wenn ein Israeli zu etwas keine Lust hat, dann bekommen Sie das zu spüren. Das kann Ihnen überall, auch in einem Restaurant, manches Mal sogar in einem guten, widerfahren.

Wir wollen aber nicht ungerecht sein und zugeben, daß sich Änderungen zum Besseren bemerkbar machen. Unser Freund Viki hat das festgestellt, als wir einmal mit ihm und seiner Frau Rebecca in Tel Aviv ausgegangen sind. Wir hatten eine Flasche Weißwein zum Essen bestellt; die Bedienung kam kurz darauf an unseren Tisch zurück und erklärte, der gewünschte Wein sei zwar vorrätig, aber leider zu warm. Man schlage uns deshalb einen etwas teureren Wein vor, der aber zum Preis des von uns bestellten berechnet werde. »Sehr nobel«, sagten wir, Viki meinte ebenso erstaunt wie anerkennend: »Das ist ein wirklicher Fortschritt«, und erzählte, was sein Onkel vor nicht allzulanger Zeit in Eilat erlebte. Der aus den USA stammende Onkel bestellte sich im sommerlich tropisch-heißen Eilat in einem Lokal eine Cola und erhielt ein lauwarmes Getränk. Er rief den Kellner und sagte, er habe ein kaltes Getränk bestellt. Daraufhin nahm der Kellner die Flasche prüfend in die Hand, sagte, »Das ist so in Ordnung«, stellte die Flasche wieder auf den Tisch und wandte sich anderen Gästen zu.

Die Ruppigkeit einer israelischen Bedienung kann durchaus mit der als Folklore getarnten Grantigkeit einer Kellnerin in einem Münchner Biergarten konkurrieren. Dagegen hilft nur eines: Den Mund aufmachen und freundlich, aber bestimmt seinen Wunsch äußern. Und wo *Service not included* nach erfolgter Erfahrung genauso verstanden werden kann, weil kein Service stattgefunden hat, dann ist es das gute Recht des Gastes mit dem Trinkgeld zu geizen. Sie können sicher sein, daß Israelis nicht anders verfahren würden. Für nicht erbrachte Leistungen zahlt kein Israeli.

Überall dort jedenfalls, wo es um den Umgang mit Kunden geht, seien Sie besser auf Überraschungen gefaßt. Einmal werden Sie in einem Geschäft oder auf einer Behörde wie ein alter Freund behandelt, der sich nach Jahrzehnten endlich wieder einmal blicken läßt, ein andermal wird man Sie auf der Bank oder in einer Boutique konsequent übersehen oder nur widerwillig bedienen. Diese Erfahrung können Sie, wenn Sie mit einer israelischen Fluglinie anreisen, schon vor dem Betreten Israels machen. Der »Kunde König« wird in Israel eher als notwendiges Übel betrachtet. Und entsprechend tritt der Kunde auf, sofern er ein Israeli ist. Mit dem Kauf eines Tickets für den Flug von Tel Aviv nach München glaubt ein Israeli, das Flugzeug inklusive Personal gekauft zu haben – und benimmt sich auch so. Er äußert nicht Wünsche, sondern stellt Forderungen, die er erfüllt sehen will. Das Zauberwort, das er in solchen Fällen parat hat, lautet: *Magiali*. Das kann drohend oder wehklagend ausgesprochen werden und bedeutet immer das gleiche: »Das steht mir zu, das verdiene ich«, und davon ist ein Israeli zutiefst überzeugt. *Magiali* ist fordernd und duldet wenig Widerspruch. Während wir Deutschen noch ein gewisses (vielleicht zu großes) Maß an Respekt gegenüber Menschen in Uniform zeigen, und sei es nur die Stewardeß, ist der Israeli in jeder Hinsicht respektlos.

In Restaurants verhalten sich Israelis keinen Deut anders. Der »typische« Israeli, den es selbstverständlich im

Lande der Individualisten nicht gibt, wenngleich gewisse Eigenschaften die Israelis miteinander verbinden, läßt sich in einem Lokal die Speisekarte geben, studiert diese ernst und fragt dann den Kellner nach einem Gericht, das nicht auf der Karte steht. Darin äußert sich der das Leben durchziehende Sportsgeist: Jetzt ist der Kellner herausgefordert. Wird er zugeben, daß die Küche dieses Gericht nicht parat hat, wird er eine elegante Erklärung dafür finden, oder wird er den Gast mit der Auskunft überraschen, daß man gerne bereit sei, den Sonderwunsch zu erfüllen?

In guten Restaurants, deren Zahl erheblich zugenommen hat, darf der Gast durchaus damit rechnen, daß auch Sonderwünsche berücksichtigt werden. Mehr und mehr sind in Israel – die meisten im Großraum Tel Aviv, einige in Jerusalem und manche irgendwo versteckt auf dem Land – Lokale zu finden, die auf guten Service und gehobene Kochkunst Wert legen – zu ebenfalls gehobenen Preisen, die aber meist in akzeptablem Verhältnis zu der gebotenen Leistung stehen.

Schwer bis nahezu unmöglich aber ist es zu definieren, was »israelische Küche« ist. In einem Land, in dem sich bis heute manche Einwanderer noch in der Sprache ihrer alten Heimat unterhalten, herrschen in der Küche selbstverständlich die Einflüsse der Länder vor, aus denen die Einwanderer gekommen sind. Generell nicht zu übersehen ist auf dem kulinarischen Sektor, daß Israel nicht in einem Niemandsland gegründet worden ist: Der Falafelstand ist nur ein Beispiel für den Einfluß der arabischen Kochkunst. Nicht nur »der Israeli« entzieht sich der Definition, sondern auch die »israelische Küche«.

Vielfalt regiert – wie könnte es anders sein – auf diesem Gebiet. Und sie wird gepflegt, das sollten Sie nutzen: Wo sonst können Sie in relativ kleinem Umkreis in Lokalen speisen, in denen nach Rezepten aus dem Jemen gekocht wird, aus Marokko oder aus Äthiopien, oft genug von Köchen, die ihre Kunst noch in dem jeweiligen Land gelernt haben und stolz darauf sind, die alten Traditionen weiterzugehen?

Zu diesen Traditionen gehört auch ein aus Osteuropa nach Israel gelangter Eintopf, Tscholent genannt. Dieses Gericht schmort stundenlang im Backofen vor sich hin und wird am Shabbat gegessen. Da am Shabbat nicht gekocht werden darf, kommt dieser Kartoffel-Fleisch-Eintopf vor Beginn des Feiertages in den Ofen und bleibt dort bis zum Mittagessen am Shabbat. Tscholent ist ein schweres Gericht, das zwei bis drei Mahlzeiten ersetzt – und auf das nur ein Mittagsschlaf folgen kann, was sich am – arbeitsfreien – Shabbat geradezu anbietet. An der Zubereitung eines Tscholent erkennen Eingeweihte, woher die Köchin stammt, denn es gibt regionale Unterschiede in der Zubereitung dieses Eintopfes. Zu allen jüdischen Feiertagen gehören Gerichte, die vor allem ein von Müdigkeit begleitetes Völlegefühl auslösen. Unser Freund Viki meinte, die jüdische Küche zeichne sich dadurch aus, daß man nur einmal essen müsse, um für drei Tage statt zu sein.

Die mit der jüdischen Küche verbundene Beachtung der religiösen Speisevorschriften wird vor allem in Hotelrestaurants gepflegt. Sie wollen und können in der Mehrzahl nicht auf Gäste verzichten, die es mit der Einhaltung der Speisevorschriften genaunehmen. Das können Sie schon beim Betreten solcher Lokalitäten feststellen; dort finden Sie an der Eingangstüre neben dem

Hinweis auf die zahlreichen Kreditkarten, die akzeptiert werden, auch ein »Kaschrut-Zertifikat«.

Die Kaschrutregeln sind die Speisevorschriften. Manche großen Hotels leisten sich einen eigenen Rabbiner, der die Einhaltung dieser in der Bibel überlieferten Vorschriften überwacht. Sie bestimmen, welche Tiere zum Verzehr geeignet sind und welche nicht, es wird nämlich zwischen »unreinen« und »reinen« Tieren unterschieden.

»Rein« sind alle Tiere, die »gespaltene Klauen haben, Paarzeher sind und wiederkäuen«. Dagegen ist das Schwein für fromme Juden so tabu, daß es nicht eimal beim Namen genannt wird. Dennoch gibt es in Israel – wie Sie bereits wissen – »weißes Fleisch«, wie auch weniger fromme Juden das Schweinefleisch nennen, um den Namen zu vermeiden. Das Fleisch »reiner« Tiere darf gegessen werden, wenn sie rituell geschlachtet, das heißt geschächtet, wurden. Der Schächter durchtrennt mit einem scharfen Messer die Halsschlagader des Tieres und läßt es dann ausbluten. Deshalb ist wer ein saftiges Steak essen will, dort fehl am Platze, wo ein Kaschrut-zertifikat hängt.

Es ist nahezu alles geregelt. Fisch zum Beispiel darf nur gegessen werden, wenn er Schuppen hat, mit der Folge, daß Shrimps wie alle anderen Meeresfrüchte tabu sind.

Daß auch die »koschere«, also die Speisevorschriften beachtende Küche gut und schmackhaft sein kann, davon können Sie sich in Israel ebenso überzeugen wie davon, daß es für alles eine Lösung gibt: Shrimps sind für einen gläubigen Juden nicht zum Verzehr geeignet, er muß dennoch nicht mehr auf sie verzichten, seitdem dankenswerterweise »künstliche« Shrimps produziert werden. Sie gleichen aufs Haar den echten Shrimps, obzwar nichts an ihnen mit der Meeresfrucht zu tun hat; sie sind ein reines Kunstprodukt von shrimpsähnlichem Geschmack, das den entscheidenden Vorteil hat, koscher zu sein.

Streng getrennt bleiben alle »milchigen« und »fleischigen« Gerichte, denn in der Bibel steht geschrieben, daß dies nicht miteinander vermischt werden darf. Infolgedessen finden Sie in manchen Hotels zwei Speiselokale. Im einen gibt es Fleisch, aber mit Sicherheit keine Nudeln in Bechamelsauce und umgekehrt. In Jerusalem saß ich einmal mit einem Kollegen in der »milchigen« Abteilung eines Hotels. Durch diesen Raum wurden die Speisen für den »fleischigen« Bereich abgedeckt getragen, so daß sich nichts vermischen konnte. Der Kollege wollte seinen Nudeln mit etwas Pfeffer mehr Würze verleihen und bat um eine Pfeffermühle. Kurz darauf kam der Kellner zurück und teilte bedauernd mit, die Pfeffermühle befinde sich leider im »fleischigen« Restaurant und könne deshalb nicht an unseren Tisch gebracht werden. Der kleine Trost: Wir konnten den Kaffee nach dem Essen mit Milch trinken; das ist im »fleischigen« Bereich nicht möglich, da zwischen dem Verzehr von Milch und Fleisch ein paar Stunden liegen müssen.

Das alles ist ziemlich kompliziert und aufwendig. In einem orthodoxen Privathaushalt beispielsweise stehen zwei Kühlschränke, einer für »milchige« und einer »fleischige« Gerichte, außerdem wird unterschiedliches Geschirr und Besteck verwendet. Einem Außenstehenden mag das ziemlich verschroben anmuten, doch für fromme Juden hat es seinen Sinn, wenngleich es – warum sollte das hier anders sein – verschiedene Interpretationen der Speisevorschriften gibt. So besagt eine Schule, daß die Einhaltung dieser Vorschriften gesund ist, während es einer anderen um die seelische Gesundheit geht, etwa beim Verbot des Verzehrs von Blut, denn Blut fördere die Grausamkeit. Und eine dritte Schule betont, daß diese Vorschriften die Assimilierung der Juden verhindern.

An allen Interpretationen ist etwas dran, doch Feinschmecker wie der israelische Restaurantkritiker Ron Maiberg leiden deshalb an ihrer Heimat: »Wären wir keine Patrioten – wie in aller Welt könnten wir dann in einem Land ohne Trüffeln, ohne Austern, Muscheln, Hummer und ordentliche Shrimps leben, deren Zubereitung uns die Gesetze des *Kaschrut* ohnehin verbieten?«[5] Doch so schlimm ist es nicht. Man muß nicht Patriot sein, um in Israel kulinarisch auf seine Kosten zu kommen.

Obwohl die internationale Küche unübersehbar ist und sich Pizzabäcker und Steakhäuser neben chinesischen, japanischen und spanischen Restaurants breitmachen, McDonald's und Burger King den kleine McDavid verdrängen, wächst dazwischen die zarte Pflanze der modernen israelischen Küche. An den Gewürzen des Landes orientiert, mit mediterranem Flair ist sie leicht und kreativ. Die meist originell eingerichteten Restaurants liegen am Mittelmeer oder in dunklen Gassen zwischen verfallenden Häusern. Die Speisekarten sind erfreulich kurz, aber voller Überraschungen, der Service ist freundlich und kompetent und das Essen ein Vergnügen, an das man sich am nächsten Tag gerne erinnert, aber das man nicht mehr spürt. Gekocht wird vor allem Fisch in phantasiereichen Variationen.

In diesen Stätten des kulinarischen Vergnügens ist mehr zu erleben als ein Stilwandel auf der Speisekarte, hier ist der Wandel Israels sinnlich zu spüren. Die spartanischen, von Kampf geprägten Aufbaujahre sind vorbei, die Ideale jener Zeit, Arbeit und Kampf, sind Geschichte, jetzt soll gelebt werden: und das gut. Zu gutem Essen in stilvoller Umgebung gehört auch guter Wein. Der muß nicht importiert werden – jedenfalls solange nicht, wie Israel die 1967 eroberten Golanhöhen nicht an Syrien zurückgibt.

In den Weinkellern der Stadt Katzrin auf den Golanhöhen reift unter den Augen israelischer Siedler, von denen mancher sein Handwerk in Kalifornien gelernt hat, Jahr für Jahr ein Wein, der internationalen Vergleich nicht zu scheuen braucht. Im Gegenteil: In der Weinprobierstube vor Ort wird stolz auf die Auszeichnungen verwiesen, die Golanweine bei internationalen Weinproben erhalten haben. Die dort angebauten Weine, rote wie weiße, sind trocken, sauber, von tadellosem Geschmack und nicht ganz billig. Aber: Man legt Wert auf Qualität und ist bereit, den Preis dafür zu bezahlen, wenn man heute fein ausgeht in Israel. Und wo man anstößt mit dem Wein von den Golanhöhen, da trinkt man: »Auf das Leben« – *Lechaim.*

Arabien in Israel –
Beduinen und Palästinenser

Auf ihrem Platz zwischen den Stühlen ist es ausgesprochen unbequem: Sie haben den israelischen Paß, werden aber nicht als gleichberechtigte Bürger im Staat akzeptiert. Sie sind Palästinenser, nehmen aber kaum teil am Kampf um die palästinensische Unabhängigkeit. Für die in Israel lebenden Palästinenser hat 1948 mit der Gründung dieses Staates ein Dilemma begonnen, aus dem sie sich bis heute nicht befreien konnten.

Zwar hat der neu gegründete Staat den Palästinensern, die auf seinem Gebiet geblieben sind, trotz der vorangegangenen blutigen Kämpfe die Staatsbürgerschaft gewährt, doch von Beginn an waren sie Bürger zweiter Klasse, die politisch, wirtschaftlich und sozial benachteiligt wurden. Ihre Abgeordneten »dürfen« keiner Regierung angehören, weil keine israelische Regierung es sich leisten will, von den Stimmen »arabischer« Abgeordneter abhängig zu sein. Ihre Dörfer sind, was unübersehbar ist, finanziell schlechter ausgestattet als »jüdische« Dörfer. Es leben wesentlich mehr israelische Palästinenser unter der Armutsgrenze, als ihrem Anteil an der Bevölkerung entspräche. Im Vergleich zu einer jüdischen Familie ist das Durchschnittseinkommen einer arabischen um fast ein Drittel (genau 28 Prozent) niedriger.

Die Palästinenser in Israel – das ist ein schwieriges Kapitel für beide Seiten. Wahrgenommen werden sie meist nur am Rande, auch von Touristen. Wer im Norden Israels unterwegs ist, kann ihre Dörfer nicht übersehen: Minarette ragen in den blauen Himmel, daran sind sie zu erkennen. Und wer in den Süden fährt, wird plötzlich dort, wo die Wüste beginnt, die Zelte der Beduinen am Straßenrand sehen. In schwarze Tücher gehüllte Frauen tauchen in der kargen Wüstenlandschaft auf, dunkle Silhouetten am Horizont, die Boten einer anderen Welt. Kinder sind auf Eseln in die Schule unterwegs.

Das Bild vom hochmodernen Israel bekommt Risse: An den schäbigen Zelten und den Eseln vorbei donnern Israelis in teuren Autos zum Badeort Eilat am Roten Meer, um sich ein Wochenende lang zu vergnügen. Zwei Welten, vereinigt in einem Staat, und doch fast ohne Berührungspunkte. Es sind Menschen zweier Kulturen, die sehr wenig miteinander zu tun haben, obwohl sie aus der Perspektive eines Ausländers zu derselben Nation gehören, dasselbe Parlament wählen und den gleichen Paß, den israelischen, haben. Doch diese äußerlichen Gemeinsamkeiten sind schon fast alles, was die 4,46 Millionen Juden und die 1,03 Millionen Nichtjuden in Israel verbindet (Zahlen von Anfang 1995).

Die Mehrheit der israelischen Palästinenser sind Moslems, nämlich 770 000, 161 000 sind Christen, das entspricht drei Prozent der Gesamtbevölkerung. Die rund 92 000 Drusen, deren Glaube, eine Mischung aus Islam, Judentum und Christentum, geheim ist und bleibt, spielen eine Sonderrolle. Da ihnen ihr Glaube nur die Heirat untereinander gestattet, bilden sie eine relativ homogene, sehr abgeschlossen lebende Gruppe, die sich aber mit der jeweiligen staatlichen Obrigkeit arrangiert.

Das Problem der israelischen Palästinenser, immerhin gut ein Sechstel der Bevölkerung, besteht nun darin, daß der Staat Israel sich in seiner Unabhängigkeitserklärung ausdrücklich als jüdischer Staat bezeichnet und damit Bürger, die nicht jüdischen Glaubens sind, von vorneherein an den Rand drängt. Hinzu kommt ein verständliches Akzeptanzproblem: Juden und Araber hatten sich bis zur Gründung des Staates Israel im Jahr 1948 bekämpft, die Staatsgründung begann mit dem ersten arabisch-israelischen Krieg. Danach stand der junge Staat vor der Frage, wie er sich den auf dem Gebiet, das sich nach dem Krieg unter israelischer Kontrolle befand, verbliebenen Arabern gegenüber verhalten sollte. Die Entscheidung, sie als Bürger Israels anzuerkennen, war die eine Seite der Medaille, die andere Seite war, daß ihnen nicht viel Vertrauen entgegengebracht wurde, sie vielmehr als latente, innerstaatliche Bedrohung galten und daher nur formal als Bürger des Staates akzeptiert wurden.

Beim Aufbau des Staates sind sie von Anbeginn benachteiligt worden, weil natürlich die Festigung der jüdischen Präsenz im Vordergrund stand. Das erklärt die Bitterkeit der israelischen Palästinenser, die sich gegenüber dem Staat Israel stets loyal verhalten haben und diese Loyalität dennoch immer aufs neue unter Beweis stellen müssen. Sie haben das Gefühl, die israelische Staatsbürgerschaft lediglich »auf Bewährung« erhalten zu haben. Niemand kann ihnen die tiefsitzende Angst nehmen, daß auch sie eines Tages den Staat Israel verlassen müssen.

Das ist für einen Israel-Reisenden oft schwer verständlich. Da hat man diesen Staat gerade ein bißchen kennengelernt und bewundert, was hier innerhalb weniger Jahrzehnte geschaffen worden ist, bis man eines Tages denen gegenübersitzt, auf deren Rücken dieser Staat aufgebaut worden ist. Der gerne zitierte Satz vom »Volk ohne Land, das in ein Land ohne Volk« gekommen ist, zerplatzt wie eine Seifenblase an der Realität.

Die historische Realität ist, daß zwei Völker um dieses Land zwischen Mittelmeer und Jordan gekämpft haben. Das eine Volk, die Juden, kehrte nach Jahrhunderten in dieses Land zurück und war bereit, es 1947 auf Vorschlag der Vereinten Nationen zu teilen, aber ebenso bereit, dafür in den Krieg zu ziehen. Das andere Volk, die hier ansässigen Palästinenser, hatte noch keine eigene Stimme; die arabischen Staaten, die mit dem Teilungsplan nicht einverstanden waren, machten sich zu seinem Sachwalter und begannen einen Krieg. Die Ablehnung des Teilungsplanes von 1947 und der Krieg von 1948 haben den Palästinensern die israelische Herrschaft aufgezwungen.

Das Belastende aber ist nicht diese historische Realität, sondern die heutige Stellung der israelischen Palästinenser im Staat Israel: Sie stellten 1992 gerade zwölf der über 5000 festangestellten Dozenten an den Universitäten in Israel, keinen der rund 400 Staatsanwälte und nur fünf Prozent der Angestellten in Ministerien. Diese Zahlen bekräftigen die Klage der israelischen Palästinenser, daß dies nicht ihr Staat sei, obwohl sie den israelischen Paß besitzen und Steuern zahlen.

Sie sind vom Wehrdienst ausgeschlossen, weil nicht der Fall eintreten soll, daß sie gegen arabische Armeen in den Krieg ziehen müssen oder – nach 1967 – ihren palästinensischen Verwandten im Westjordanland und Gazastreifen mit der Waffe in der Hand gegenüberstehen. Damit sind die Palästinenser in einem Land, in dem eine Militärkarriere die beste Voraussetzung ist für den Weg zum Erfolg im Staat oder in einer Partei, wieder als Außenseiter klassifiziert. Eine gute Universitätsausbildung können sie sich aneignen, doch danach ist Endstation. Noch 1995 spricht das offizielle israelische Jahrbuch davon, daß den Palästinensern in Israel viele berufliche Möglichkeiten aus Sicherheitsgründen verschlossen sind. Speziell in der weitgehend vom Staat kontrollierten Wirtschaft. Das bis in jüngste Zeit – eine Privatisierung staatlicher Betriebe und Unternehmungen hat erst begonnen – von starker staatlicher und gewerkschaftlicher Kontrolle gekennzeichnete Wirtschaftssystem macht es bis heute den israelischen Palästinensern unmöglich, in diesen nahezu geschlossenen Kreislauf einzubrechen. Eine Integration war nicht erwünscht.

Das müssen auch – bis zum heutigen Tag – die palästinensischen Abgeordneten im israelischen Parlament erfahren. Zwar sind sie Parlamentarier mit allen Rechten und Pflichten, doch wenn es um wichtige Entscheidungen geht – darin sind sich alle anderen Parteien von rechts bis links einig –, dann zählt nur eine »jüdische« Mehrheit. Als zum Beispiel das 1993 mit der Palästinensischen Befreiungsorganisation, PLO, abgeschlossene Grundsatzabkommen im Parlament zur Debatte und Abstimmung stand, legte die von der Arbeitspartei geführte Regierung trotz knapper Mehrheitsverhältnisse größten Wert darauf, daß Stimmen der palästinensischen Abgeordneten nicht den Ausschlag gaben. Keine israelische Regierung will sich dem Vorwurf aussetzen, von den Stimmen israelischer Palästinenser abhängig zu sein, obwohl diese Bevölkerungsgruppe alle demokratischen Rechte genießt, aktives wie passives Wahlrecht besitzt.

Bislang haben sich die israelischen Palästinenser nicht auf eine gemeinsame Partei einigen können, so daß ihr politischer Einfluß nicht ihrem Bevölkerungsanteil entspricht. Zwei arabische Parteien sind derzeit (1996) in der Knesset vertreten. Ihre Abgeordneten verhindern, daß der konservative Likudblock die regierende Arbeitspartei ablöst, dennoch kommen sie über die Rolle einer Sperrminorität nicht hinaus, eher werden religiöse Parteien umworben, die der Arbeitspartei ideologisch wesentlich ferner stehen als die arabischen Parteien.

Ein Gespräch mit israelischen Palästinensern ist oft eine deprimierende Erfahrung, weil es dunkle Schatten auf das helle Israel-Bild wirft. Aber was soll ein Beduine über den Staat sagen, der ihn in seiner Bewegungsfreiheit einschränkt und ihn seines Landes beraubt? Das ist den Beduinen im Negev zum Beispiel noch Anfang der achtziger Jahre widerfahren, als das israelische Militär nach der Rückgabe des Sinai an Ägypten seine Stützpunkte in den Negev verlegte. Oder was soll ein Palästinenser seinen Kindern auf die Frage, warum sie kein fließendes Wasser, keinen Strom und keine Toiletten haben, antworten? Wie soll er ihnen erklären, daß sie in einem nicht anerkannten Dorf leben? Ja, so etwas gibt es.

Dutzende von palästinensischen Dörfern sind nicht anerkannt und sind von jeder staatlichen Versorgung buchstäblich abgeschnitten – kein Strom, kein Wasser, keine Kanalisation, keine Schulen. Diese offiziell gar nicht existierenden Dörfer sind entstanden, nachdem die israelische Armee die angestammten Dörfer der Palästinenser vor Jahrzehnten entweder zerstört oder – manches Mal mit dem Versprechen, die Bevölkerung könne bald zurückkehren – geräumt hat. Auch jene, die vor der Armee geflohen sind, haben sich an einer anderen Stelle, oft in der Nähe des alten Dorfes, niedergelassen und leben dort gleichsam auf Abruf, die meisten warten geradezu darauf.

Die überwältigende Mehrheit der israelischen Palästinenser will nicht mehr als die Anerkennung durch Israel, nicht als geduldete Minderheit, sondern als integraler Bestandteil dieses Staates. Die Menschen wissen, daß es ihnen in diesem Staat – trotz aller Benachteiligungen – besser geht als in den arabischen Nachbarstaaten, sie wissen aber auch, daß sie etwas beizutragen hätten zu diesem Staat. Nicht nur ihre Folklore, Tradition und ihre Küche, sondern ihre Intelligenz, ihren Fleiß und ihr Können. Es gibt viele gut ausgebildete Palästinenser, die aus den genannten Gründen bislang keine beruflichen Chancen hatten in Israel und die auf nichts sehnlicher warten als auf diese Chance. Sie wollen Anschluß an die moderne Gesellschaft, aber nicht zwangsweise, sondern unter Wahrung ihrer Identität.

Trotz der Nähe zur israelischen Gesellschaft haben sich die Palästinenser ihre Traditionen bewahrt. Auch wenn es schwerfällt, halten viele den Fastenmonat Ramadan ein. Der sprichwörtlichen Gastfreundschaft der Palästinenser kann kaum ein Besucher widerstehen. Sie können nicht einmal einen Laden verlassen, ohne zumindest einen Kaffee getrunken zu haben, geschweige denn ein Haus, es wäre auch unhöflich. Doch bleiben die

Männer stets unter sich. Die Frauen spielen in der palästinensischen Gesellschaft von wenigen Ausnahmen abgesehen die traditionelle Rolle am Herd. Sie tragen die Speisen auf, überhäufen den Gast mit Leckerbissen und ziehen sich in die Küche zurück.

Eine Hanan Aschrawi aus dem Westjordanland, die einst für die palästinensische Delegation in den Verhandlungen mit Israel gesprochen hat und weltweit bekannt wurde, ist ebenso die Ausnahme wie die in Deutschland ausgebildete Botanikdozentin Sumaya Farhat-Naser, die an der Birzeit-Universität im Westjordanland lehrt. Wenn die Männer sprechen, muß die Frau schweigen, das ist ihre Erfahrung: »Eine Frau«, stellt Sumaya Farhat-Naser fest, »die sich ins Gespräch einmischen will, muß sich mit schriller, aufdringlicher Stimme bemerkbar machen; dies wird ihr jedoch übelgenommen, und der Mann einer solchen Frau erntet von den anderen Männern herablassendes Mitleid. Daran hat sich bis heute nur wenig geändert.«[6]

Nicht viel anders geht es bei den Drusen und den Beduinen zu. Überall werden Sie reichlich bewirtet, steht der schwarze Kaffee in den kleinen Tassen vor Ihnen, doch Sie werden die Frau stets nur beim Servieren und dann wieder verschwinden sehen.

Ganz langsam ändern sich die Verhältnisse, was sich zum Beispiel an der Zahl der Kinder ablesen läßt. Anfang der sechziger Jahre hat eine Palästinenserin muslimischen Glaubens die unglaubliche Zahl von – Achtung Statistik! – 9,23 Kindern, bis 1993 war diese Zahl auf 4,68 gesunken. Im Vergleich dazu hat eine christliche Palästinenserin fast ein leichtes Leben mit ihren (durchschnittlich) 2,03 Kindern, während sich eine jüdische

Mutter mit 2,61 Kindern herumschlagen muß. Die unterschiedlichen Zahlen sind auch ein Indikator für unterschiedlichen Lebensstandard – und für Aufklärung über Verhütung.

Die für Europäer gleichermaßen faszinierende wie irritierende Tatsache, daß es noch Beduinen gibt, die mehr als eine Frau haben, hat nichts mit erotischen Phantasien zu tun, sondern ist eine traditionelle Art der »Sozialhilfe«, denn die zweiten oder dritten Frauen sind oft jung verwitwet und werden durch eine erneute Heirat sozial abgesichert. Heute heiraten junge Beduinen nur noch eine Frau, doch die Partnersuche gestaltet sich wesentlich komplizierter als in Gesellschaften, wo man sich in der Diskothek oder bei der Arbeit kennenlernt. Immer noch werden junge Mädchen von ihren Eltern verheiratet. Nicht unbedingt gegen ihren Willen, aber mit sanftem Druck der gesamten Großfamilie. In den palästinensischen Dörfern spielen die Familien und verschiedene Clans nach wie vor eine Rolle, selbst heute kommt es noch vor, daß Stammesfehden mit Gewalt ausgetragen werden.

Von unserem Freund Fussan, einem jungen Beduinen, wissen wir, wie schwierig bis unmöglich es ist, ein Mädchen einmal allein zu treffen. Erst müssen Begegnungen im Kreise der Familie arrangiert werden, bei denen man sich aus der Ferne und keinesfalls zu auffällig beäugt. Undenkbar, daß man mit jemandem, den man nett findet, einen Kaffee trinken geht. Brüder oder Schwestern, Onkel oder Tanten – die Familien sind ja groß genug – sind immer dabei, nicht einmal der Hauch von Zweisamkeit kann entstehen, auf keinen Fall vor der Ehe.

Zwei Welten, zwei Kulturen: Neben der weitgehend säkularen jüdischen Gesellschaft lebt und feiert die noch weitgehend traditionelle palästinensische Gesellschaft. Mischehen gibt es praktisch nicht. Zum einen leben die beiden Gesellschaften klar getrennt nebeneinander, zum anderen würde bei den Drusen die Heirat eines oder einer Andersgläubigen zum Ausstoß aus der Gemeinschaft führen. Auch für fromme Juden kommt eine Mischehe nicht in Frage. Nur wenn beide Partner jüdischen Glaubens sind, lassen die Rabbiner eine Eheschließung zu – und da es in Israel keine Zivilehe gibt, ist eine Heirat über Glaubensgrenzen hinweg in diesem Land nicht möglich. Paare, die das wollten, müßten im Ausland heiraten. Doch die Zahl der Fälle, in denen die Liebe die Kluft zwischen israelischen Palästinensern, gleich ob christlichen oder moslemischen Glaubens, und Israelis jüdischen Glaubens überwand, ist kaum meßbar. Die Kluft ist zu groß. Und sie ist größer geworden.

Bis vor einigen Jahren ist der Palästinenser Nabil aus Baka al Garbiya mit seinen Freunden gerne nach Natanja gefahren, um dort auszugehen. Das Nachtleben in der Stadt am Mittelmeer war eine angenehme Abwechslung im Vergleich zu den ruhigen dörflichen Abenden in Baka al Garbiya, wo man bestenfalls mit Männern bei einem Kaffee zusammensitzen konnte, nicht etwa bei einem Bier, denn das gibt es dort in keinem Lokal. In Natanja haben Nabil und seine Freunde das freie Leben genossen. Damit war es vorbei, nachdem im Dezember 1987 der Aufstand der Palästinenser im besetzten Westjordanland und im Gazastreifen begann. Nicht, daß die israelischen Palästinenser sich diesem Aufstand angeschlossen hätten, abgesehen von einigen wenigen Ausschreitungen sind sie ruhig geblieben, doch plötzlich waren sie wieder ganz offensichtlich »verdächtig«. Die Abende in Natanja waren für Nabil und seine Freunde nicht mehr angenehm. Sie hatten das Gefühl, nicht mehr willkommen zu sein; obgleich sie fließend herbräisch sprechen, fühlten sie sich ausgegrenzt. Besonders spürten sie das, wenn sie von der Polizei kontrolliert wurden, und an der Art, wie das geschah.

Und sie spürten ihr Dilemma aufs neue sehr schmerzhaft: Für die israelische Gesellschaft waren sie die potentiellen Feinde geblieben, davor schützte sie auch die israelische Staatsbürgerschaft nicht, und ihre palästinensischen Verwandten in den besetzten Gebieten hatten sich von ihnen losgesagt, weil sie sich kampflos mit der israelischen Herrschaft abgefunden haben. Für die einen sind sie schon Israelis, für die anderen noch immer Palästinenser. Vermutlich haben beide Seiten recht: Die israelischen Palästinenser sind im Laufe der Jahrzehnte in gewissen Maße Israelis geworden, schließlich liegt ihre Heimat in diesem Land; zugleich fühlen sie sich den Palästinensern im Westjordanland und Gazastreifen verbunden, schließlich sind es ihre Verwandten. Derzeit sitzen sie auf dem unbequemen Platz zwischen den Stühlen und kämpfen an allen Fronten. Die israelischen Palästinenser wollen in Israel zu ihrem Recht kommen, und sie wollen, daß die Palästinenser im Westjordanland und Gazastreifen ebenfalls zu ihrem Recht kommen.

Viele der palästinensischen Politiker in Israel sind »Grenzgänger«, die am Vormittag bei politischen Streitigkeiten im Gazastreifen vermitteln und am Nachmittag im israelischen Parlament ihre Stimme erheben. Sie sind dafür bestens geeignet, weil sie Hebräisch und Arabisch sprechen. Mit zunehmender Integration Israels in den Nahen Osten kommt ihnen eine immer wichtigere Rolle zu. Die israelischen Palästinenser wären in der Lage, zwischen den bislang einander mit dem Rücken zugewandten Kulturen Brücken zu schlagen.

Doch das ist Zukunftsmusik. Zuerst müssen die israelischen Palästinenser ihren angemessenen Platz in der israelischen Gesellschaft finden. Was, wenn das nicht gelingen sollte? Das Menetekel steht an der Wand; der israelische Autor David Grossman hat es in seinem Buch über die israelischen Palästinenser in die Frage gekleidet: »Wie lange kann eine verhältnismäßig große Minderheit in den Augen der Mehrheit als Feind betrachtet werden, ohne daß sie nicht irgendwann tatsächlich dazu wird?«[7]

Willkommen in Gaza –
Besuch in einer anderen Welt

Jetzt wird es Zeit, daß Sie ihre israelischen Bekannten einmal so richtig beeindrucken. Sie müssen zu diesem Zwecke nicht groß angeben, sondern flechten bei einem Gespräch an passender Stelle möglichst beiläufig ein: »Also, ich muß sagen, der Strand von Gaza ist gar nicht übel, er könnte nur etwas besser gepflegt sein.« Das dürfte fürs erste genügen. Man hält Sie jetzt entweder für verrückt oder für einen Helden und wird in jedem Fall von Ihnen wissen wollen, wie es denn eigentlich ist in Gaza. Oder was unseren Freund Yankele interessierte: »Sag' mal, kann ich da auch hin?«

Ein besonderer Erfolg waren immer unsere Erzählungen von Familienausflügen zu unseren Freunden Anke und Fawaz in den Gazastreifen, die wir freilich erst nach vollbrachter Tat gestanden haben, um meiner Mitarbeiterin Miriam schlaflose Nächte zu ersparen. Es dürfte freilich sogar die am Eingang in den Gazastreifen postierten israelischen Soldaten beeindruckt haben, mit welcher Selbstverständlichkeit unsere damals dreijährige Tochter Johanna ihren Puppenwagen über die Grenze geschoben hat, die mit der Grenze, die einst durch Deutschland verlief, mehr als eine gewisse Ähnlichkeit hat.

Für die Mehrheit der Israelis ist der Gazastreifen unbekanntes Land, das sie nicht betreten und lediglich aus dem Fernsehen kennen. Nur Siedler und Soldaten haben sich in den letzten Jahren dort aufgehalten, dazu Geschäftsleute, die mit Palästinensern zusammenarbeiten, und Anhänger der Friedensbewegung, die Kontakte zu Palästinensern haben.

Bis zum Beginn des Palästinenseraufstandes im Dezember 1987 war das anders. Der israelische Naturschutzbund hat Gruppenausflüge in den besetzten Gazastreifen organisiert, Israelis sind am Shabbat zum Mittagessen – ziemlich »unkoscher«, aber preiswert und gut – nach Gaza gefahren, haben dort ihre Autos reparieren lassen, weil das billiger war als in Israel – und haben aus dem gleichen Grund in Gaza eingekauft. Doch mit der Fortdauer des Intifada genannten Aufstandes der Palästinenser gegen die Besatzungsmacht hat die Entfernung zwischen Israel und dem Gazastreifen zugenommen, und kein Israeli, der das nicht mußte, wie die Soldaten, oder aus ideologischen Gründen wollte, wie die Siedler, hat den Gazastreifen freiwillig betreten. Seit die Palästinenser den Gazastreifen im Mai 1994 in Selbstverwaltung übernommen haben – mit Ausnahme der israelischen Siedlungen, die weiterhin die israelische Armee kontrolliert –, ist dieses Gebiet für die Mehrheit der Israelis weiter entfernt als der Mond, obgleich es vor der eigenen Haustüre liegt.

Der Gazastreifen ist indes alles andere als das, was man ein Ausflugsgebiet nennen würde, wenngleich der Hinweis auf den Strand so verkehrt nicht ist, denn das kann der Gazastreifen tatsächlich bieten: kilometerlange Sandstrände, die nicht überlaufen sind. Trotz des Strandes können Sie Ihren Bikini getrost zu Hause lassen. Im überwiegend von Moslems bewohnten Gazastreifen ist es auch für Besucher empfehlenswert, relativ »konservativ« gekleidet zu sein. Weibliche Arme und Beine sollten tunlichst bedeckt sein.

Es sind jedoch, zugegebenermaßen, nicht die bemerkenswerten Strände, die diesen schmalen Streifen Land, der südlich der israelischen Stadt Ashkelon beginnt und an der ägyptischen Sinai-Halbinsel endet, immer wieder in die internationalen Schlagzeilen bringen, es sind die unerfreulichen politischen, wirtschaftlichen und sozialen Verhältnisse, die den Gazastreifen mehr berüchtigt als berühmt gemacht haben. Was soll auch erfreulich sein an einem Stückchen Land, das vierzig Kilometer lang und zwischen acht und zehn Kilometer breit ist und auf dem mindestens 850000 Menschen wohnen? Zumal das Land nichts zu bieten hat, was seine Bewohner ernähren könnte. Keine Bodenschätze und nicht einmal Wasser für alle.

Die brutale, durch nichts zu beschönigende Wahrheit ist: Der Gazastreifen ist ein Abladeplatz – für Müll und für Menschen. Mehr als die Hälfte der Palästinenser, die im Gazastreifen leben, sind dort nicht freiwillig. Sie sind Flüchtlinge, stammen aus Ortschaften, Dörfern, Städten und Gemeinden, die im heutigen Israel liegen. Wenn sie von ihrer Heimat sprechen, dann meinen sie nicht Shati, Jebalija, Breidsch oder die anderen Flüchtlingslager im Gazastreifen, sondern Ashkelon, Jaffa oder Beer Sheva in Israel. Ob sie, die Opfer des israelischen Unabhängigkeitskrieges von 1948, aus ihrer alten Heimat geflohen sind oder ob sie vertrieben wurden, das ist eine bis heute kontrovers diskutierte Frage. Vermutlich dürfte der israelische Militärhistoriker Meir Pail mit seiner Einschätzung richtig liegen: »Ungefähr ein Drittel der palästinensischen Flüchtlinge beschloß aus freien Stücken zu fliehen, vor allem am Anfang des Krieges. Ein weiteres Drittel floh aufgrund psychologischer Maßnahmen der Juden. Man sagte ihnen, es sei besser für sie, freiwillig zu gehen, als erobert zu werden. Das letzte Drittel wurde regelrecht durch Gewalt vertrieben.«[8] Ein Teil von ihnen ist in den Flüchtlingslagern des Gazastreifen gestrandet.

Flüchtlingslager – vermag dieses Wort auszudrücken, unter welch erbärmlichen Umständen Hunderttausende von Palästinensern im Gazastreifen leben? Ohne Strom, ohne fließendes Wasser, auf dem nackten, festgetretenen Boden, zwischen unverputzten Betonwänden, unter Wellblechdächern. Die Realität spottet jeder Beschreibung. Die Gassen zwischen den Betonhäuschen sind gelegentlich so eng, daß zwei Personen nicht nebeneinander Platz haben. Bei Regen lösen sich die unbefestigten Straßen auf und werden zu unpassierbaren Bächen, die den überall herumliegenden Müll davonspülen. Und im Sommer brennt die Sonne von einem erbarmungslos hellblauen Himmel auf die Wellblechdächer nieder. In dieser Umgebung nimmt es nicht wunder, daß in den Erzählungen der Flüchtlinge die alte Heimat zu einem Paradies verklärt wird.

Alles ist ihnen genommen worden, doch eines nicht: ihre Würde. Dazu gehört selbst in den ärmsten Familien die Bewirtung eines Gastes. Ein Kind oder die Hausfrau bringt ein Tablett, auf dem fein säuberlich aufeinandergestapelt die Untertassen stehen, daneben die Tassen mit dem schwarzen, mit Kardamom gewürzten Kaffee. Jeder der Männer, Mann ist unter sich, die Frauen bleiben im Hintergrund, nimmt sich eine Tasse mit einer Untertasse und trinkt in kleinen Schlucken. Die Männer sitzen auf Plastik- oder Holzstühlen im Kreis in karg möblierten Räumen, die oft einer Garage ähnlicher sehen als einem Wohnzimmer. Nicht selten ist der einzige Schmuck an der Wand ein Poster oder Foto einer europäischen Bergidylle. Die satten Farben stehen im Kontrast zur wenig idyllischen Realität und drücken vermutlich den Wunsch nach einer anderen Umgebung aus.

In der Stadt Gaza, im nördlichen Teil des nach ihr benannten Streifen Landes, kann man Häuser sehen, die an bessere Zeiten erinnern. In den Wohnzimmern von Ärzten, Rechtsanwälten oder Geschäftsleuten, die es zu bescheidenem Wohlstand gebracht haben, versinkt der Besucher in tiefen Polstermöbeln, bevor ihm der unvermeidliche Kaffee gereicht wird, den abzulehnen hier wie dort eine Unhöflichkeit wäre. Doch auch in der Stadt Gaza sind die Straßen unbefestigte Schlaglochpisten, die sich beim ersten heftigen Regen in Seenlandschaften verwandeln. Dennoch käme niemand auf die Idee, Gaza als das Venedig des Nahen Ostens zu bezeichnen. Zu schmutzig, zu heruntergekommen ist diese Stadt, als daß man sie malerisch nennen könnte. Müllberge türmen sich neben den Straßen, über die man gelegentlich Ratten huschen sehen kann.

Und doch weht ein anderer Wind in Gaza und im Gazastreifen, seit sich die israelische Armee aus den Bevölkerungszentren zurückgezogen hat und sich die Palästinenser unter Führung der Palästinensischen Befreiungsorganisation, PLO, darangemacht haben, ihr Leben selbst zu organisieren. Die Rückkehr zu einem halbwegs normalen Leben hat begonnen. Lokale haben eröffnet,

Hotels warten auf Gäste, es wird gebaut, und der Strand liegt nicht mehr menschenleer in der sommerlichen Hitze. Während der Jahre des Aufstandes hatten sich die Palästinenser selbst alles verboten, was irgendwie nach Vergnügungen aussah, und die israelische Armee hatte mit der nächtlichen Ausgangssperre zusätzlich jedes gesellschaftliche Leben am Abend lahmgelegt.

Diese Zeiten sind vorbei, und die Palästinenser genießen den Wandel. Endlich können wieder Hochzeiten gefeiert werden, die Lokale am Mittelmeer sind gefüllt, im Zentrum von Gaza sind, bei spärlicher Straßenbeleuchtung, aber geöffneten Geschäften auch am Abend Menschen unterwegs. Es sind freilich wenige, die sich den Luxus eines Lokalbesuches leisten können. Die Versuche, das Zentrum von Gaza etwas schöner zu gestalten, vermögen nicht darüber hinwegzutäuschen, daß es der Mehrheit der Palästinenser wirtschaftlich miserabel geht.

Das Wohlergehen der hier ansässigen Palästinenser ist weitgehend von Israel abhängig. Da es im Gazastreifen kaum Jobs gibt, sind sie auf den Zugang zum israelischen Arbeitsmarkt angewiesen. Nach einer Reihe von Terroranschlägen Ende 1994 / Anfang 1995 hat die israelische Regierung jedoch die Grenze zum Gazastreifen rigoros dichtgemacht. Wenn es der PLO nicht gelingt, etwas gegen die hohe Arbeitslosigkeit – um die 50 Prozent – zu tun, wächst ein Problem heran, das zu einem Sprengsatz des Friedensprozesses werden kann. Es ist ein Wettlauf gegen die Zeit, denn die Bevölkerungszahl im Gazastreifen wird sich nach der Jahrtausendwende verdoppeln.

Wer trotz der nicht gerade einladenden Realität den etwas komplizierten Weg nach Gaza auf sich nehmen will, kann das einzigartige Experiment palästinensischer Selbstverwaltung besichtigen, aus dem eines Tages, geht es nach den Palästinensern, ein palästinensischer Staat entstehen soll. Der Grenzübergang Erez liegt südlich der israelischen Stadt Ashkelon; bis dorthin, aber nicht weiter bringt Sie jedes israelische Taxi. Der Taxifahrer wird an diesem Punkt den vereinbarten Preis verlangen. Wenn Sie Glück haben, hat er Kontakte in den Gazastreifen und bestellt Ihnen ein palästinensisches Taxi auf der anderen Seite des Grenzüberganges. Hinter dem Übergang warten allerdings immer palästinensische Taxifahrer auf Kundschaft.

Sie können natürlich auch mit Ihrem israelischen Mietwagen in den Gazastreifen fahren, aber aus zwei Gründen ist das nicht ratsam: Erstens ist es nicht leicht, sich im Straßengewirr von Gaza zurechtzufinden, da Straßenschilder und Wegweiser Mangelware sind, und zweitens sind die Beziehungen zwischen Israelis und Palästinensern noch keineswegs so entspannt, daß nicht auf ein Auto mit israelischem Kennzeichen Steine fliegen könnten. Sie müssen sich ja nicht unbedingt ein Stück Heiliges Land an den Kopf werfen lassen.

An der Grenze begegnen Sie zuerst israelischen Soldaten, denen Sie Ihren Paß zeigen. Es kann Ihnen passieren, daß Sie ein Soldat mit der Bemerkung, »Was wollen Sie bei dem schönen Wetter in Gaza, legen Sie sich doch lieber an den Strand von Tel Aviv«, grinsend durchwinkt. Sie dürfen aber durchaus darauf gefaßt sein, daß er einen Blick in Ihre Tasche werfen will, fragt, was Sie denn in Gaza so vorhaben, wen Sie da treffen wollen, wo Sie wohnen werden und so weiter. Die Befragung sollte normalerweise damit enden, daß Sie den Gazastreifen betreten dürfen. Es ist jedoch nicht auszuschließen, daß das israelische Militär dieses Gebiet abriegelt – aus Sicherheitsgründen, die nie näher erläutert werden – und Sie daran hindert, in den Gazastreifen zu gelangen. Darüber können Sie sich ärgern, darüber können Sie sich beschweren, Sie können nach Vorgesetzten verlangen: eines können Sie in der Regel nicht – daran etwas ändern.

Hinter der israelischen Grenzkontrolle erwarten Sie bereits die palästinensischen Taxifahrer, mit denen Sie sich auf Englisch verständigen können. Den Fahrpreis handeln Sie am besten gleich aus, um spätere Diskussionen zu vermeiden. Ein paar hundert Meter weiter passieren Sie die Kontrolle der palästinensischen Polizei, die Ihre Paßnummer notiert, und dann sind Sie drin im Gazastreifen.

Jetzt können Sie sich aussuchen, wohin Sie wollen: In das Gebiet, das ausschließlich von der palästinensischen Polizei kontrolliert wird, etwa die Stadt Gaza, oder in das Gebiet, das israelisches Militär und palästinensische Polizei gemeinsam kontrollieren, etwa entlang der Straße, die von Norden nach Süden führt, oder in das Gebiet, das ausschließlich israelisches Militär kontrolliert, nämlich rund um die israelischen Siedlungen.

In die Siedlungen allerdings werden Sie mit einem palästinensischen Taxi nicht gelangen: Weder wird Sie der Taxifahrer dorthin bringen wollen, noch wird Sie das um die Siedlungen postierte Militär mit einem palästinensischen Taxi hineinlassen. Die Selbstverwaltung ist schon eine komplizierte Angelegenheit, weil Israel sich in vielen Bereichen das letzte Wort vorbehalten hat.

Natürlich können Sie die Siedler besuchen, etwas mehr als 4000 wohnen im wesentlichen im Süden des

Gazastreifens. Zu diesem Zweck benutzen Sie aber besser den Grenzübergang Kissufim, der weiter südlich in den Gazastreifen führt. Von dort bis zu den Siedlungen von Gush Katif fahren Sie auf Straßen, die das israelische Militär kontrolliert. Auch vor dem Eingang zu jeder Siedlung sind israelische Soldaten postiert. Hinter dem jede Siedlung umgebenden Zaun beginnt eine Idylle, die im Gazastreifen unwirklich wirken muß: schöne, neugebaute Häuser, befestigte Straßen, Schulen, Kindergärten, einige Geschäfte, gepflegte Gärten, kurz, ruhiges dörfliches Leben. Schon äußerlich demonstrieren die Siedlungen: Hier ist die Welt in Ordnung. Sie ist auch innerlich in Ordnung.

Die Siedler im Gazastreifen sind zutiefst davon überzeugt, daß sie genau hier und nirgendwo anders wohnen müssen. Wenn Sie Menschen treffen wollen, denen Zweifel fremd sind, die in sich und ihren festgefügten Überzeugungen ruhen, dann sollten Sie die Siedler besuchen. Sie sind dort jederzeit willkommen, denn die Siedler unterhalten ein Hotel. Am Wochenende ist das Hotel allerdings meist ausgebucht, da viele fromme Juden aus Israel, die den Siedlern in Gush Katif ideologisch nahestehen, den Shabbat in diesem Hotel verbringen. Umgeben von Stacheldraht und rund um die Uhr vom israelischen Militär bewacht, ist dies eine Art von Urlaub, die – gelinde gesagt – gewöhnungsbedürftig ist.

Die Siedler haben sich an diese Art von Leben längst gewöhnt, sind sie doch überzeugt davon, daß ihnen dieses Land von Gott gegeben ist, und wenn das – so der Siedler Imanuel – mit gewissen Gefahren verbunden ist, dann muß man das akzeptieren. Sie sollten sich nicht wundern, bei den Siedlern gepflegtes Englisch mit starkem amerikanischem Akzent zu hören: Nicht wenige dieser sich selbst als Pioniere verstehenden Nahost-Cowboys stammen aus dem Wilden Westen, nämlich den USA.

Die israelischen Siedler leben inmitten der palästinensischen Bevölkerung des Gazastreifens, doch haben Israelis und Palästinenser nahezu nichts miteinander zu tun. Die israelische Siedlung Newe Dekalim zum Beispiel grenzt direkt an die palästinensische Stadt Khan Yunis. Auf der einen Seite wacht israelisches Militär, auf der anderen palästinensische Polizei. Von Khan Yunis aus streift der Blick über die Dächer der israelischen Siedlung, deren Häuser oft genug Palästinenser gebaut haben, zum nahen Mittelmeer. Die israelischen Siedler erwähnen gerne die guten Beziehungen, die sie einst zu den Palästinensern hatten, und betonen, nach den vielen Anschlägen durch radikale Gruppen sei aus Sicherheitsgründen kein Kontakt mehr möglich. Diese Kontakte hatten aus palästinensischer Sicht eine ganz banale Ursache: Wer Häuser in den Siedlungen gebaut hat, tat das nicht etwa, weil er die Israelis so sehr schätzte und deren Anspruch auf dieses Gebiet guthieß, sondern weil er eine Familie zu ernähren hatte. Die israelischen Siedler im Gazastreifen leben in ihrer eigenen Welt: Durch ihren Glauben von Zweifeln befreit und durch die israelische Armee von der Umgebung abgeschottet.

Wenn Sie diese Inseln der festen Überzeugungen verlassen, erreichen Sie schnell wieder den sandigen Boden des Gazastreifens, auf dem am Experiment palästinensischer Selbstverwaltung gebaut wird. Eines ist unübersehbar: Die Palästinenser stehen vor einer gewaltigen Aufgabe. Das zu erkennen genügt die Fahrt vom Grenzübergang Erez zu einem der neuen Hotels am Strand und ein kurzer Aufenthalt in Gaza. Es ist übrigens ratsam, sich ein Hotelzimmer reservieren zu lassen, wenn Sie übernachten wollen, denn palästinensische und ausländische Delegationen nehmen oft viele Zimmer in Beschlag. Die Zimmer sind einfach und sauber.

Im Hotel versuchen Sie palästinensische Freunde in Gaza anzurufen und stellen fest, daß deren Telefon nicht funktioniert. Sie machen sich also persönlich zu ihnen auf und erfahren, daß das Telefon seit fünf Tagen stumm ist, sich trotz bereits erfolgter finanzieller Ermunterung noch kein Reparaturdienst blicken ließ und daß außerdem bis vor zwei Stunden der Strom ausgefallen war. Genug der Probleme? Sie wollen entspannen. Das ist möglich. Sie laden Ihre Freunde in eines der Lokale am Strand von Gaza ein. Inzwischen gibt es mehrere Restaurants, überall steht Fisch auf der Speisekarte. Den können Sie gefahrlos essen, sagen Ihre Freunde, in einem anderen Lokal haben sie sich kürzlich eine Fleischvergiftung geholt, da gehen Sie besser nicht hin. Also Fisch und dazu eine Flasche Wein. Nein, das ist leider nicht möglich.

Der Einfluß der Moslems macht den Gazastreifen zu einer alkoholfreien Zone. Nicht ganz natürlich. Es gibt ein paar Plätze, an denen Ausländer verkehren und alkoholische Getränke verkauft werden. Bier und Hochprozentigeres werden außerdem da und dort zu überhöhten Preisen unter dem Ladentisch angeboten – wo es Verbote gibt, entsteht zwangsläufig Nachfrage nach dem Verbotenen. Aber Sie sind ja jetzt mit Ihren palästinensischen Freunden zusammen und halten sich also an deren Sitten, schließlich kann man zum Fisch auch Wasser trinken. Im Prinzip ja, aber im Gazastreifen empfiehlt sich Vorsicht.

Wasser, das aus der Leitung kommt, ist nach internationalem Standard nicht trinkbar. Was überhaupt entspricht internationalem Standard in Gaza? Die Palästinenser trinken das Wasser, weil sich die Mehrheit der Bevölkerung den Luxus nicht leisten kann, Wasser in Flaschen zu kaufen.

Sie bestellen lieber ein Mineralwasser. Das Fischgericht schmeckt gut, das Wasser und der Kaffee danach sind bekömmlich. Und jetzt? Der Strand liegt vor Ihrer Nase, also ein Bad im Mittelmeer. Für Männer kein Problem. Für Frauen ebensowenig, sie müssen lediglich ihr Kleid beim Baden anbehalten. Sie müssen als Frau kein Kopftuch umbinden, doch wenn Sie wissen wollen, wie groß der Einfluß der Moslems ist, dann sollten Sie darauf achten, wie viele Frauen Kopftücher tragen oder gar ihr Gesicht ganz verschleiern und nur einen Schlitz für die Augen offenlassen.

Jetzt wissen Sie ungefähr um die Probleme, vor denen die Palästinenser stehen, und können die Frage Ihrer israelischen Freunde, wie es denn eigentlich so sei in Gaza, beantworten.

Scheiden tut not –
Israelis und Palästinenser

Sag mal, was meinst du zu unserem Problem?« Auf diese Frage sollten Sie gefaßt sein. Jetzt kommt es nur noch darauf an, welches Problem gemeint ist, denn wie Sie nach wenigen Tagen in Israel gemerkt haben, gibt es sogar in diesem Land mehr als ein Problem. Die meisten sind so wichtig, daß sich die Zeitungen ungefähr einen Tag lang damit beschäftigen: die Pläne etwa, die Regierung umzubilden. Führungsstreit beim konservativen Likudblock, Richtungsstreit bei der Arbeitspartei und andere weltbewegende Dinge. Dann gibt es ein paar, die, wie das Ungeheuer von Loch Ness, alle Jahre wieder auftauchen: die Forderung, Staat und Religion zu trennen. Die Diskussion über eine Verfassung, die Israel bis heute nicht hat und dringend braucht. Oder auch nicht. Und es gibt *das* Problem: »Die Palästinenser und wir«, »wir und die Palästinenser«, Israelis und Palästinenser eben.

Wenn Sie jetzt keine gute Ausrede parat haben (sparen Sie sich die Mühe, denn sich einer Diskussion mit Israelis zu entziehen, ist schlicht ein Akt der Feigheit) oder sich in Bescheidenheit üben (»nach vierzehn Tagen im Land fällt mir dazu noch nicht viel ein«), dann beginnt eine Diskussion, in deren Verlauf Sie eines nicht vergessen sollten: Sie sitzen einem Experten oder einer Expertin gegenüber und diskutieren über erlebte Geschichte. Das erklärt die Emotionen, mit denen solche Gespräche stets einhergehen. Egal, ob Sie mit Palästinensern oder Israelis über diesen Konflikt sprechen.

Wie naiv es ist zu glauben, diese Gefühle könnten außer acht gelassen werden, haben wir selbst einmal erlebt. Wir hatten Fawaz und Anke, unsere Freunde aus dem Gazastreifen, mit ihren Kindern bei uns zu Gast und frönten mit Palästinensern dem israelischen Nationalsport, wir grillten. Da klingelte es, und vor der Gartentür stand Rachel, eine israelische Freundin. Meine Begrüßung: »Hallo, komm' rein, wir grillen gerade mit Freunden aus Gaza«, entpuppte sich als die eleganteste Form eines Rauswurfes, die sich vorstellen läßt. Rachel machte auf dem Absatz kehrt, murmelte etwas wie: »Ach, dann komme ich ein anderes Mal vorbei«, saß in ihrem Auto und war abgefahren.

Zu jenem Zeitpunkt, es war noch vor den Friedensverhandlungen von Madrid im Herbst 1991, als sich Israelis und Palästinenser erstmals offiziell am Verhandlungstisch gegenübersaßen, war die Zeit nicht reif für eine solche spontane Begegnung. Es ist zu viel Blut geflossen in diesem Konflikt, Israelis und Palästinenser haben sich zu viele und zu tiefe Wunden zugefügt, als daß sie von einem Tag auf den anderen unbefangen miteinander umgehen könnten.

Als Außenstehender unterschätzt man leicht, wie tief dieser Konflikt sitzt und wie sehr die Wunden noch immer schmerzen. Begonnen hat die Auseinandersetzung um das Land zwischen Mittelmeer und Jordan Ende des letzten Jahrhunderts mit der Einwanderung von Juden nach Palästina, erst 1993, rund einhundert Jahre später, haben Israelis und Palästinenser sich grundsätzlich darauf geeinigt, dieses Land zu teilen – und zwar nicht mit Gewalt, sondern mit friedlichen Mitteln. Bis dahin hat von Ausnahmen abgesehen jede Seite dieses Land für sich beansprucht. Die anderen sollten sich – mit Verlaub – zum Teufel scheren.

Die Briten haben, als sie nach dem Ersten Weltkrieg im Nahen Osten das Sagen hatten, in dieser Angelegenheit keine rühmliche Rolle gespielt. Sie haben beide Seiten gegeneinander ausgespielt und beiden mehr versprochen, als sie halten konnten und wollten. Die berühmte Klage zweier Juden über die Balfour-Erklärung, in der die Briten den Juden 1917 eine »Heimstätte« in Palästina zugesagt haben, bringt das auf den Punkt: »Wenn die Briten uns schon ein Land versprechen, das ihnen nicht gehört«, meint Moshe zu Shlomo, »warum nicht gleich die Schweiz?« Somit war der Konflikt nicht zu verhindern zwischen denen, die in dem Land lebten, in das die anderen mit allen Mitteln zurückkehren wollten.

Der entscheidende Durchbruch, die qualitative Veränderung, auf die sich Israel und die Palästinensische Befreiungsorganisation, PLO, im Sommer 1993 verständigt haben, war, daß sie ihre gegenseitigen Ansprüche anerkannt haben: Israel hat den Palästinensern eine Zukunft und einen Platz in diesem Gebiet zugestanden, und die PLO hat Israel das bis dahin abgestrittene Existenzrecht in dieser Region gewährt.

Bis zu diesem Wendepunkt stand Israel im Nahen Osten einer Wand der Ablehnung gegenüber. Auf arabischer Seite dauerte es immerhin bis 1979, bis erstmals ein Staat, nämlich Ägypten, Israel anerkannte und Frieden mit dem bis dahin bekämpften Nachbarn schloß.

Ägypten wurde wegen dieses Schritts von den arabischen Bruderstaaten geächtet, doch es hat mit seiner mutigen Politik den Weg zum Ausgleich mit Israel geöffnet, auf dem ihm als zweites Land 1994 Jordanien gefolgt ist.

Wenn Israelis und Palästinenser über die Vergangenheit diskutieren, dann können sie einander viel vorwerfen, denn der Kampf ist in den vergangenen Jahrzehnten erbittert und gnadenlos geführt worden. Unaufhörlich hat sich die Spirale der Gewalt gedreht, mal schneller und mal langsamer.

Die Palästinenser wurden das Opfer eigener Wunschträume, arabischer Propaganda und der Stellvertreterrolle, die sie in den Jahren des Kalten Krieges für die Sowjetunion spielten. Allzu lange wiegten sie sich in dem Glauben, daß sie die Juden eines Tages wieder aus Palästina vertreiben könnten, zu spät haben sie erkannt, daß sie für die arabischen Staaten nicht mehr als ein nützliches Propagandainstrument im Kampf gegen Israel waren, und zu lange haben sie darauf vertraut, mit der Sowjetunion im Rücken auf Kompromisse nicht eingehen zu müssen.

Während die Juden jede Chance nutzten, die sie ihrem Staat näher brachte und 1947 den für sie keineswegs befriedigenden Teilungsplan der Vereinten Nationen akzeptierten, beharrten die Palästinenser darauf, die Geschichte mit Gewalt rückgängig machen zu können. Und Israel definierte sich als kämpfende Nation. Das Volk der Überlebenden, schließlich wurde Israel 1948 im Schatten von Auschwitz gegründet, wollte nie wieder hilfloses Opfer sein. In dem Bewußtsein, bei Strafe des Untergangs ihr kleines Territoriun verteidigen zu müssen, entwickelten die Israelis von Beginn an eine Wagenburgmentalität. So verhärteten sich die Fronten nicht nur militärisch, auch die Menschen wurden hart. Jeder fürchtete, Nachgeben und Kompromißbereitschaft würden als Schwäche ausgelegt und unterstellte dem anderen, nur die Sprache der Gewalt zu verstehen.

Dabei hätte der Konflikt schon relativ früh auch eine ganz andere Wendung nehmen können. Was wäre wohl geschehen, wenn Jordanien die Palästinenser 1948 einen Staat im Westjordanland hätte gründen lassen? Mit dem Ostteil von Jerusalem als Hauptstadt. Was wäre geschehen, wenn Ägypten im gleichen Jahr den Gazastreifen an die Palästinenser übergeben hätte? Damals wäre das möglich gewesen. Jetzt, rund vier Jahrzehnte später, geht es – mit anderen Vorzeichen – um nichts anderes.

1948 hat Jordanien das Westjordanland und Ostjerusalem besetzt, Ägypten hat den Gazastreifen verwaltet. Ein Palästinenserstaat stand nicht auf der Tagesordnung. Ja, nicht einmal Palästinenser. So etwas gebe es nicht, sagte die israelische Premierministerin Golda Meir. Daß es sie gibt, merkte Israel spätestens 1967, als es im Sechstagekrieg den Ostteil von Jerusalem, das Westjordanland und den Gazastreifen eroberte. Israel hatte sich von einer existentiellen Bedrohung befreit und sich gleichzeitig eine Last aufgeladen, deren Schwere damals die wenigsten realisierten. Israelis und Palästinenser kamen sich von da an näher als ihnen lieb sein sollte.

Für die Palästinenser in diesen Gebieten begann die Zeit der israelischen Besatzung. Es war nicht von Anfang an eine Leidenszeit. Im Gegenteil. Die Lebensverhältnisse in den besetzten Gebieten verbesserten sich, weil die Palästinenser Jobs in Israel fanden. Arbeiten, bei denen man sich dreckig macht und wenig verdient, standen den Palästinensern offen. Beide Seiten schienen zu profitieren. Israel hatte einen Arbeitskräftemarkt für seine expandierende Wirtschaft gefunden und zugleich einen Absatzmarkt, und das zu idealen Bedingungen, denn die Bedingungen diktierte die Besatzungsmacht. Alle Entscheidungen wurden nach den israelischen Bedürfnissen und unter dem Gesichtspunkt getroffen, keine wirtschaftliche Konkurrenz vor der eigenen Haustüre groß werden zu lassen. Die Kontrolle war umfassend, denn im Westjordanland und im Gazastreifen zimmerte sich Israel sein eigenes Rechtssystem, das aus jordanischem Recht, Notstandsverordnungen aus der britischen Mandatszeit und zahllosen bei Bedarf erlassenen Militärverordnungen bestand.

Unter dem Deckmantel des Rechts herrschte Willkür. Zwanzig Jahre lang ließ sich die Illusion von der humanen Besatzung aufrechterhalten. Obgleich verhaftet und deportiert wurde, obgleich palästinensische Bürgermeister abgesetzt wurden, schien es nur unter der Oberfläche zu gären. Dann, 1987, steigerte sich der palästinensische Unmut zu Wut. Die israelische Armee wie die Palästinensische Befreiungsorganisation, PLO, waren gleichermaßen überrascht, als zunächst im Gazastreifen und bald auch im Westjordanland Tausende von Palästinensern auf die Straßen gingen und gegen die Besatzungsmacht rebellierten. Der israelische Geheimdienst, in diesen Gebieten durchaus präsent, hatte nichts geahnt, und die PLO-Führung in Tunis hatte keine Anweisungen gegeben. Den Leitsatz, in den der israelische Religionsphilosoph Jeshajahu Leibowitz das Wesen des Zionismus zusammengefaßt hat, nämlich: »Wir Juden haben genug von der Herrschaft der Gojim [Nichtjuden] über das jüdische Volk«[9], adaptierten die Palästinenser als ihr Ziel. Sie wollten die Herrschaft der Israelis loswerden und brachten ihre Entschlossenheit in dem Begriff *Intifada*, das heißt »abschütteln«, zum Ausdruck.

Es begannen die vermutlich schlimmsten Jahre im Kampf zwischen Israelis und Palästinensern. Zwar war in den Jahrzehnten zuvor mehr als genug Blut geflossen – zum Beispiel in den dreißiger Jahren –, doch nun folgten nahezu täglich Auseinandersetzungen: Auf der einen Seite stand eine darauf nicht vorbereitete Armee, auf der anderen eine zu allem entschlossene Zivilbevölkerung. Israelische Soldaten jagten palästinensische Frauen und Kinder, die in diesem Kampf an vorderster Front standen, durch die engen Gassen der Flüchtlingslager. Es flogen Steine und Molotowcocktails, es wurde geschossen, scharf, mit Gummigeschossen und mit Tränengas. Im besetzten Westjordanland und Gazastreifen herrschte täglich Kriegszustand. Die Bilder davon gingen um die Welt.

Die israelischen Journalisten übrigens haben über den Palästinenseraufstand mutig, kritisch und umfassend berichtet, soweit ihnen das im Rahmen der Militärzensur möglich war, denn alle Berichte und Nachrichten, die mit dem Militär oder militärischen Fragen zu tun haben, müssen dem Zensor vorgelegt werden. Der Militärzensur unterliegen auch ausländische Journalisten in Israel, die jedoch den Vorteil haben, Informationen, die bereits in israelischen Medien verbreitet wurden, verwerten zu dürfen. Natürlich versucht die Armee durch die Zensur die Berichterstattung zu steuern und bestraft Journalisten, die sich nicht an die Spielregeln halten, etwa durch Entzug des Presseausweises, der zum Betreten von Ministerien unerläßlich ist. Im Zeitalter der weltumspannenden Berichterstattung hat es immer weniger Sinn, israelischen Journalisten Informationen vorzuenthalten, wenn jeder Israeli den Fernseher einschalten und von einer ins Kabelnetz eingespeisten ausländischen Station erfahren kann, was um ihn herum passiert. Während des Palästinenseraufstandes jedenfalls konnte jeder in Israel hören, sehen oder lesen, was sich vor seiner Haustür, im besetzten Westjordanland und im Gazastreifen, abspielte.

In unzähligen Berichten hat die israelische Menschenrechtsorganisation Betselem das Verhalten der Armee angeprangert, die im Kampf gegen die rebellierenden Palästinenser vor keinem Mittel zurückscheute: Folter, Massenverhaftungen, Deportationen, Häusersprengungen. Täglich stieg die Zahl der Toten und Verletzten; nicht in gleichem Maße, aber auch auf israelischer Seite, denn der anfänglich zivile Widerstand der Palästinenser wurde gewalttätiger. Erst flogen Steine, dann Molotowcocktails, schließlich wurde zugestochen und geschossen. Zudem eskalierte die innerpalästinensische Gewalt. Palästinenser brachten Landsleute um, denen sie Kollaboration mit Israel vorwarfen. Während des Palästinenseraufstandes wurden etwa genauso viele Palästinenser von Landsleuten umgebracht, wie von israelischen Soldaten erschossen.

Israelis und Palästinenser steckten in einer Sackgasse. Zwar hatte die PLO einen palästinensischen Staat ausgerufen, doch der bestand nur auf dem Papier. Zwar war Israel militärisch nicht bedroht, doch die Moral der Armee litt im Kampf gegen die Zivilbevölkerung. Ganz allmählich setzte sich nun auf beiden Seiten die Erkenntnis durch, daß ihr Konflikt nicht mit Gewalt, sondern nur am Verhandlungstisch gelöst werden könne. Die Protagonisten der israelischen Friedensbewegung und ihre palästinensischen Gesprächspartner (einige von ihnen leben nicht mehr, weil sie »zu früh« für das Gespräch mit Israel eintraten und deshalb von Landsleuten umgebracht wurden) hatten schon immer gefordert, »man muß mit dem Feind reden, um Frieden zu machen«, jetzt konnten sie erleben, wie ihre Forderung Schritt für Schritt Wirklichkeit wurde. Zuerst 1991 unter kräftiger amerikanischer Mithilfe bei der Friedenskonferenz in Madrid und den folgenden Verhandlungen in Washington, dann 1993, als Israel und die PLO mit norwegischer Hilfe das Grundsatzabkommen aushandelten, in dem sich die beiden Völker gegenseitig anerkannten und für eine friedliche Lösung des Konflikts eintraten. Leider ist dieses Kapitel damit nicht zu Ende.

Im Grunde genommen ist das die sehr kurz gefaßte Vorgeschichte zu der Diskussion, die Sie erwartet, wenn es um *das* Problem geht, also um Israelis und Palästinenser. Einfache Lösungen gibt es nicht. Denken Sie nur einmal an Jersualem: Wie soll die Zukunft jener für Juden, Christen und Moslems heiligen Stadt aussehen, die Israels Hauptstadt ist und deren Ostteil die Palästinenser als Hauptstadt beanspruchen? Denken Sie nur an die palästinensischen Flüchtlinge. Nicht jene im Gazastreifen und Westjordanland, sondern an jene in Jordanien, Syrien, im Libanon. Wie sieht ihre Zukunft aus? Werden Sie in diesen Ländern integriert, oder sollen sie in die übervölkerten und wirtschaftlich schwachen palästinensischen Gebiete im Westjordanland und Gazastreifen zurückkehren, vorausgesetzt ihre Rückkehr nach Israel kommt nicht in Frage? Wie werden sich die arabischen Staaten Israel gegenüber verhalten, wird es wirklich zu einem umfassenden Frieden kommen, der Israel die Integration in den Nahen Osten ermöglicht? Wird Israel, dessen Jugend sich eindeutig westwärts orientiert und für die die Marke der Turnschuhe wichtiger ist als eine Reise nach Amman, sich überhaupt in diese Region integrieren wollen? Wird es der Vorposten des Westens bleiben, mit militärischem und wirtschaftlichem Vorsprung vor allen seinen Nachbarn? Oder denken Sie nur für einen Moment an die israelischen Siedlungen im Gazastreifen und Westjordanland. Sollen diese Städte, Dörfer und Gemeinden aufgelöst und 120 000 Siedler nach Israel zurückgeholt werden, oder sollen sie unter palästinensischer Herrschaft leben?

Die Zahl der Fragezeichen nimmt zu, je länger man über den Konflikt zwischen Israelis und Palästinensern, aber auch zwischen Israel und den arabischen Staaten, nachdenkt. Die Politiker auf beiden Seiten stehen nicht nur vor der Aufgabe, Antworten auf diese Fragen zu finden, sie müssen auch die Bevölkerung von der Richtigkeit der Antworten überzeugen. Die Mehrheit beider Völker will nur eines: in Ruhe und Frieden leben. Am liebsten würden beide Seiten nichts mehr voneinander hören, nichts mehr miteinander zu tun haben. Das aber ist leider nicht möglich. Ob sie es wollen oder nicht: Israelis und Palästinenser müssen gemeinsam in dieser Region leben.

Eine friedliche Zukunft erscheint zum ersten Mal möglich, wenngleich die Gefahren nicht zu leugnen sind. Es gibt unter der Palästinensern moslemische Fundamentalisten, die zu keinem Kompromiß bereit sind und den »islamischen Boden«, auf dem kein Platz für den Staat Israel sei, befreien wollen, und es gibt unter den Israelis extremistische Siedler, die keinen Quadratzentimeter des Landes aufgeben wollen, da es ihnen von Gott gegeben sei. Es ist erschreckend, wie sich die Extremisten auf beiden Seiten in ihrer Kompromißlosigkeit gleichen. Sie haben die einfachen Antworten, die immer verführerisch sind. Und sie haben Waffen, deren Sprache nur allzu bekannt ist im Nahen Osten.

Vielleicht lautet eine ehrliche Antwort auf die eingangs gestellte Frage: »Was meinst du zu unserem Problem?« ganz einfach: »Ich bin froh, daß wir eure Probleme nicht haben«, egal, ob Ihnen die Frage von Israelis oder Palästinensern gestellt wird.

Eigentlich ganz einfach,
wenn man Bescheid weiß

*D*a Sie ja vermutlich nicht nach Israel gereist sind, um die politischen Probleme dieses Landes zu lösen, das überlassen Sie mit Recht lieber denen, die es angeht, sondern etwas im Land und unter den Leuten herumkommen wollen, sei Ihnen jetzt – besser spät als nie – tröstend gesagt: Israel ist ein unkompliziertes Reiseland. Sie müssen nur Ihren Koffer packen – wobei Sie nicht vergessen sollten, daß in Israel zwar meistens, aber nicht immer die Sonne scheint und daß es im 800 Meter hoch gelegenen Jerusalem auch nach warmen Tagen abends recht kühl werden kann –, Ihren Paß, Ihr Flugtikket und Ihre Kreditkarte einstecken. Mehr brauchen Sie nicht, damit kommen Sie durch das Land. Selbst lächerlich geringe Beträge von umgerechnet deutlich unter fünfzig Mark werden in Israel ohne Zögern mit der Kreditkarte bezahlt.

In jedem Supermarkt wird dieses »Plastikgeld« akzeptiert, Ihre Kreditkarte ist an nahezu jeder Falafelbude willkommen, da die Israelis es lieben, beim Bezahlen das Gefühl zu haben, kein Geld loszuwerden. An einer Kasse im Supermarkt ist es einmal beim Ausfüllen eines Schecks zu folgendem Dialog zwischen der Kassiererin und einer Kundin gekommen. Kundin: »Welches Datum, bitte?« Kassiererin: »2. April.« Kundin, grübelnd, weil irritiert: »Wie?« Kassiererin, bestimmt, weil sicher: »2. April.« Kundin, glaubt sich im Februar, fühlt sich mißverstanden: »Ich meine das Datum.« Kassiererin, ungeduldig: »Bitte schreiben Sie 2. April auf den Scheck.« Andere Kundin, hilfreich, sich einmischend: »Schreiben Sie 2. April, der Scheck wird erst in zwei Monaten abgebucht, deshalb sollen Sie ihn vordatieren.« Der Dialog ist verbürgt, weil meine Frau die Kundin war, die damals noch nicht wußte, daß israelische Schecks (nicht Euroschecks) im Supermarkt ab einer bestimmten Summe vordatiert werden können.

Es mag sein, daß der bargeldlose Zahlungsverkehr nicht in Israel erfunden worden ist, hier wird er jedenfalls perfektioniert. Vor manchen Feiertagen, wenn besonders viel eingekauft wird, werben zum Beispiel Supermarktketten und Kaufhäuser um Kunden mit den günstigsten Zahlungsbedingungen. Erst in einem Monat, erst zwei Monate nach dem Kauf, in Raten über vier Monate, über ein ganzes Jahr verteilt. Das Grundprinzip ist immer gleich: Jetzt kaufen und möglichst spät bezahlen. In Israel ist es auch möglich ein Flugticket zu kaufen, nach Deutschland und zurück zu fliegen und danach in Raten zu bezahlen. Selbst mit Kreditkarten ist Ratenzahlung möglich. Daneben besteht eine altbekannte Form des bargeldlosen Zahlungsverkehrs fort: Man kann anschreiben lassen. Nicht im Supermarkt, aber kleine Geschäfte bieten Kunden, die sie kennen, diesen Service. Wenn man einmal einen Blick auf die Kundenkartei erhascht, wundert man sich über die hohen Summen, die da stehen.

Die Israelis leben auf Pump. Mir sagte einmal eine Bekannte, auf die Frage, wie sie denn finanziell über die

Runden komme, offen und ehrlich: »Mit dem Überziehungskredit.« Das ist nicht ungewöhnlich: Tausende von Israelis überziehen ihr Konto bis zum letzten Schekel. Sobald das Gehalt kommt, wird es halbwegs aufgefüllt, und dann wird wieder auf Pump gelebt. Die monatlich veröffentlichte Statistik offenbart dies; der Betrag, den eine Durchschnittsfamilie zur Verfügung hat, liegt regelmäßig unter den durchschnittlichen Lebenshaltungskosten. Die Gehälter in Israel sind relativ niedrig, auch für Ärzte zum Beispiel, die Kosten für das tägliche Leben im Vergleich dazu viel zu hoch. Abgesehen vielleicht von Obst und Gemüse gibt es nicht viel, was als preiswert bezeichnet werden könnte.

Bei alldem hat der Staat seine Finger im Spiel. In Israel können Sie des Morgens der Zeitung entnehmen, daß ab sofort die Preise für Mehl und der Grundtarif für Taxis um einen bestimmten Prozentsatz angehoben sind. So etwas legt die Regierung fest. Von wegen freie Marktwirtschaft! Hier sorgt der Staat für Ordnung, auf seine Weise, von den Eier- bis zu den Zigarettenpreisen. Die Israelis müssen folglich schauen, wie sie das schaffen. Oft sind Zweitjobs die Lösung. Es gibt Ärzte, die tagsüber in einer Klinik arbeiten und Abend für Abend zu Hause Privatpatienten empfangen. Wer keine zusätzliche Einkommensquelle hat, der muß sich daran gewöhnen, daß die Frage an den Schalterbeamten der Bank *Kama einli?* lautet: »Wieviel habe ich *nicht*?« Heute leben und morgen bezahlen, nach diesem Motto wird in Israel mit dem Geld umgegangen. Und das ist speziell mit einer Kreditkarte besonders leicht.

Mit einer der gängigen Kreditkarten jedenfalls können Sie nahezu überall bezahlen. Mit Euroschecks ist das gelegentlich etwas schwieriger (die israelischen Schecks bekommt man nur, wenn man ein Konto bei einer israelischen Bank hat), obwohl sie grundsätzlich akzeptiert werden. Mit Euroschecks können Sie wie mit der Kreditkarte auf einer Bank zu Bargeld kommen und gleichzeitig einen Schnellkurs in israelischer Bürokratie absolvieren (den Paß nicht vergessen, sonst dauert der Kurs etwas länger). Die größeren Hotels akzeptieren in der Regel Euroschecks und machen sie auch zu Bargeld.

Die israelische Währung ist der »Neue Israelische Schekel«, abgekürzt NIS. »Neu« deswegen, weil es schon einmal einen »alten« Schekel gab, der den Inflationstod gestorben ist, also das Opfer einer Währungsreform wurde. Sie können selbstverständlich genausogut Bargeld in unbegrenzter Höhe mit nach Israel bringen und die D-Mark, Schweizer Franken, österreichischen Schillinge oder US-Dollar auf dem Schwarzmarkt in Schekel umtauschen. Das klingt gefährlicher als es ist, zu Ihrer Beruhigung sei Ihnen verraten, daß der »offizielle Schwarzmarktkurs«, so etwas gibt es, in den israelischen Zeitungen veröffentlicht wird. Sie müssen aber nicht erst lange in der Zeitung suchen, fragen Sie einfach in der Altstadt von Jerusalem am Damaskus- oder Jaffator einen der palästinensischen »Money-Changer« in seinem Büro nach dem aktuellen Wechselkurs, vergleichen Sie dieses Angebot noch mit einem zweiten, denn es gibt natürlich einen Spielraum, den die Geldwechsler zu ihren (nicht Ihren) Gunsten ausnutzen, und tauschen Sie da um, wo das Angebot besser ist. Das Geld nachzuzählen ist immer sinnvoll, aber es ist normalerweise kein Risiko, in diesen Wechselstuben D-Mark zu Schekel zu machen. Oft akzeptieren die »Money-Changer« auch Euroschecks.

Der amerikanische Dollar kann als die inoffizielle Zweitwährung bezeichnet werden, US-Dollar werden fast überall genommen. Die meisten Hotels geben ihre Preise in Dollar an. Es ist also gelegentlich bei Preisen ratsam nachzufragen, ob Dollar oder Schekel gemeint sind.

Als Ausländer können Sie, wenn Sie mit ausländischer Währung bezahlen, die Mehrwertsteuer (VAT – *value-added tax*) sparen. Viele Souvenirläden weisen mit Schildern darauf hin, daß Ihnen die Mehrwertsteuer ab einer bestimmten Kaufsumme erstattet wird. Das Verfahren ist relativ einfach. Beim Kauf bezahlen Sie den vollen Betrag und lassen sich eine Rechnung geben sowie ein Formular, das der Händler ausfüllt. Mit Formular, Rechnung und erstandener Ware, die Sie also im Handgepäck haben müssen, suchen Sie auf dem Ben-Gurion-Flughafen in der Abflughalle den entsprechenden Bankschalter (»Bank Leumi«) auf, an dem Sie die Mehrwertsteuer in bar zurückerstattet bekommen. Die Ware müssen Sie bei sich haben, um nachweisen zu können, daß sie tatsächlich außer Landes gebracht wird.

Manches Mal zögern Händler bei der Frage nach der Mehrwertsteuer-Rückerstattung und behaupten, das sei zu kompliziert (Sie wissen es jetzt aber besser). Dann schlägt Ihre Stunde, denn jetzt können Sie zu feilschen anfangen und vorschlagen, die Ware eben zu einem reduzierten Preis zu kaufen, wenn Sie schon die Mehrwertsteuer nicht zurückbekommen sollen. Beliebt ist auch der Trick mit der Kreditkarte. Sie ziehen beim Zahlen die Kreditkarte aus dem Geldbeutel, halten sie dem

Geschäftsmann entgegen und fragen mit Unschulds-
mine: »Wenn ich bar bezahle, ist dann ein Preisnachlaß
drin?« Da die Geschäftsleute einen bestimmten Prozentsatz der Kaufsumme an das Kreditkartenunternehmen
abführen müssen, stehen Ihre Chancen nicht schlecht,
daß der Händler darauf eingeht. So praktisch das »Plastikgeld« in vielerlei Hinsicht ist, gelegentlich lohnt es
sich, Bargeld im Geldbeutel zu haben. Nach dem Motto
»Fragen kostet nichts« können Sie fast überall Verhandlungen über den Preis beginnen. Selbstverständlich
nicht im Supermarkt und ebensowenig in Restaurants,
aber auf jeden Fall in der Altstadt von Jerusalem. Dort
gehört fröhliches Feilschen zum Geschäft.

Das erste Angebot des Händlers können Sie getrost als
unverschämten Versuch verstehen, Sie über den Tisch
zu ziehen. Niemand erwartet, daß Sie darauf eingehen.
Wenn Sie es dennoch tun, ist das für den Händler langweilig und für Sie mit Sicherheit ein schlechtes Geschäft.
Beim Feilschen braucht man gute Nerven und ein gutes
Gespür für den ungefähren Wert einer Ware. Nehmen
Sie sich Zeit und machen Sie sich durch Vergleiche bei
verschiedenen Händlern im Basar erst einmal ein Bild
von der Preislage, bevor sie in konkrete Verhandlungen
eintreten, die einem Tauziehen gleichen. Hilfreich ist es
auch, nicht gleich zu erkennen zu geben, welches Objekt
einem nun besonders ins Auge sticht, sondern erst einmal über andere Dinge mit geheucheltem Interesse zu
verhandeln. Eher beiläufig erkundigen Sie sich dazwischen nach dem Preis des ersehnten Stücks. Seien Sie in
der Wahl ihrer Mittel nicht zu zurückhaltend, die Händler in der Jerusalemer Altstadt – davon können Sie ausgehen – kennen sowieso alle Tricks.

Gerne locken sie ihre Kunden auf einem kleinen Umweg in den Laden. »Ach, könnten Sie mir einmal helfen, ich muß einen Brief an den deutschen Botschafter schreiben«, werden Sie von einem Händler vor seinem Laden angesprochen. Sie sind gleichermaßen gerührt wie geschmeichelt, daß ausgerechnet Sie als gebildeter Mensch um Beistand gebeten werden, und sitzen schon im Laden und damit in der Falle. Dort hören Sie eine Geschichte über die Tochter, die in Deutschland studiert und deren Aufenthaltsgenehmigung nun verlängert werden muß (es gibt unzählige Variationen mit stets dem gleichen Ziel), sehen einen angefangenen und schon etwas abgegriffenen Brief und bekommen Kaffee angeboten. Ein Angebot, das Sie nicht ablehnen können. Die Episode endet auf immer dieselbe Weise: Es ist mir kein Fall bekannt, in dem der Brief jemals tatsächlich geschrieben wurde und in dem nicht irgendwann Verhandlungen über ein Schmuckstück begonnen haben. Jetzt müssen Sie Nerven und Geschick beweisen.

Das erste Angebot des Händler bezeichnen Sie als völlig unakzeptabel. Darauf folgt meist die hinterlistig-freundliche Frage: »Wieviel wollen Sie dafür bezahlen?« Vorsicht, Falle! Jetzt bloß nicht den Preis nennen, den Sie wirklich zu bezahlen bereit sind, sondern bestenfalls die Hälfte. Nun wird der Händler Sie für verrückt erklären, bei solchen Angeboten könne er den Laden gleich zumachen, aber da er Sie für einen guten Menschen halte, reduziere er den Preis um ein paar Schekel. Und so weiter und so fort. Zwischendurch droht der Zusammenbruch der Verhandlungen, Sie drehen sich um und geben »dann eben nicht« zu verstehen, der Händler meint: »Lassen Sie uns erst einmal Kaffee trinken, ich lade Sie ein«, das können Sie nun wirklich nicht ablehnen, aber Sie werden – Ihre Reisegruppe langsam aus dem Auge verlierend – ungeduldig, der Händler ändert den Ton, die Freundlichkeit schwindet, er spürt ihre Ungeduld und gleichzeitig Ihr Interesse, Sie aber merken, daß der Händler ein Geschäft machen will.

Bei dieser Gelegenheit kann ein Geheimnis gelüftet werden: Die Verhandlungen zwischen Israel und der Palästinensischen Befreiungsorganisation, PLO, sind nicht viel anders abgelaufen als Ihre Verhandlungen im Basar der Jerusalemer Altstadt. Wie in der großen Politik kommt es auch bei Ihren Verhandlungen darauf an, nicht die Nerven zu verlieren.

Sie können sicher sein, niemand wird Ihnen etwas verkaufen, ohne dabei auf seine Kosten zu kommen. Sie müssen mit der selbstbewußten Haltung in die Verhandlungen eintreten, daß es für den Händler wichtiger ist, Ihnen etwas zu verkaufen als für Sie, etwas zu kaufen. Das ist leichter gesagt als getan, da die Händler in der Jerusalemer Altstadt glänzende Schauspieler sind, die das gesamte Repertoire vom hungerleidenden Familienvater bis zum Drohungen ausstoßenden Finsterling beherrschen. Es ist jedenfalls schwer, den Basar zu verlassen, ohne etwas gekauft zu haben.

Die Erfahrung des Feilschens gehört zu einem Israel-Aufenthalt, schließlich befinden Sie sich im Orient, da kennt man weder eine Preisbindung noch ein Ladenschlußgesetz. Die Öffnungszeiten der Geschäfte sind von einer beachtlichen Variationsbreite. Im Basar der Jerusalemer Altstadt schließen die Läden mit Einbruch der Dunkelheit, es gibt Supermärkte, die bis 22 Uhr oder gar bis Mitternacht geöffnet sind, auch in kleine Einzelhandelsläden kann man mancherorts bis 21 Uhr einkaufen. Die meisten Geschäfte haben am Shabbat, also von Freitag mittag bis Sonntag früh, geschlossen. Manche aber öffnen schon am Samstagabend, wenn der Shabbat vorbei ist. Eine Drogeriekette erfreut sich am Shabbat großer Beliebtheit. Es scheint Israelis magisch in diese Drogerien zu ziehen, die am Shabbat stets überfüllt sind – und genau deswegen sind sie geöffnet. Der Besitzer will gute Geschäfte machen.

Den Shabbat werden Sie auch in Ihrem Hotel spüren, sofern es kein arabisches Hotel im Ostteil von Jerusalem ist. Den Beginn des Shabbat erkennen Sie daran, daß es im Hotel plötzlich lebhafter zugeht als unter der Woche. Ab Freitag mittag füllt sich das Hotel, da viele Familien mit Kind und Kegel einziehen. Oft brennen in der Hotellobby oder im Speisesaal am Abend die Shabbatkerzen. Wenn Sie mit dem Aufzug zu Ihrem Zimmer im zwölften Stock fahren wollen, halten Sie im ersten, im zweiten, im dritten Stock… eben in jedem Stockwerk, obwohl Sie allein im Fahrstuhl stehen. Nein, es hat keines der vielen Kinder sich einen Scherz erlaubt, alles hat seine Ordnung, sie befinden sich im »Shabbataufzug«. Da am Shabbat jegliche Arbeit untersagt ist, wozu auch der Knopfdruck zur Bedienung eines Aufzuges gerechnet wird, fährt von Beginn bis Ende des Shabbat der Hotellift unaufhörlich im Stop-and-go hinauf und hinunter, damit fromme Juden nur ein- und aussteigen müssen.

Am Frühstücksbuffet macht sich der Shabbat durch das größere Gedränge der Wochenendgäste bemerkbar, obwohl das Angebot kärglicher ausfällt. Sie müssen auf Ihr Rührei ebenso verzichten wie auf ein Spiegelei. Nichts wird frisch zubereitet, auch diese Tätigkeiten fallen der Shabbatruhe zum Opfer. Ihre Zigarette nach dem Frühstück, wenn Sie um diese Zeit schon eine brauchen sollten, lassen Sie besser gleich in der Schachtel. Da es an diesem Tag untersagt ist, ein Feuer zu entzünden, ist im gesamten Speisesaal am Shabbat das Rauchen verboten. An diese Regeln halten sich fast alle Hotels in Israel, es sei denn, Sie übernachten in einem Hotel, das zu einem Kibbuz gehört. Da die meisten Kibbuzim nicht religiös sind, werden auch die Vorschriften für den Shabbat nicht eingehalten.

Hotels finden Sie im ganzen Land in allen Kategorien. Es gibt recht ordentliche Jugendherbergen, die Sie auch dann aufnehmen, wenn Sie nicht mehr unter die Kategorie »Jugendlicher« fallen, und inzwischen auch Zimmer mit Frühstück. Die Hotels sind meistens etwas schlechter, als Sie hoffen, und etwas teurer, als Sie befürchten, aber im Prinzip in Ordnung. Israel ist nun einmal kein Billigreiseland, das trifft auf fast alle Bereiche zu, nicht nur im Hinblick auf die Hotelpreise, die an Feiertagen nach dem Prinzip von Angebot und Nachfrage noch einmal angehoben werden. Eine gute Adresse sind übrigens die christlichen Hospize in der Altstadt von Jerusalem. Es sind dies gut geführte Häuser, genannt seien das lutherische wie das österreichische Hospiz, in denen man zu vernünftigen Preis im Zentrum der Altstadt übernachten kann. Hier empfiehlt sich rechtzeitige Anmeldung, zumal an christlichen Feiertagen.

Das Reisen in Israel ist unkompliziert. Sie können sich in einen Mietwagen setzen und in einem Selbstversuch ausprobieren, ob die Israelis tatsächlich so chaotisch fahren, wie hier behauptet. Im Land sind alle internationalen Mietwagenfirmen vertreten, wenngleich die lokalen

Firmen gelegentlich günstigere Preise bieten. Ratsam ist ein Preisvergleich bereits vor Reiseantritt oder am Flughafen in der Ankunftshalle, wo alle Mietwagenfirmen ihre Büros haben. Die Verkehrszeichen entsprechen internationalem Standard, auch wenn es ein klein wenig anders aussieht, ist ein Stoppschild unschwer zu erkennen. Hingegen hat das Fahrverhalten der Israelis mit internationalem Standard wenig zu tun. Aber nur Mut: Machen Sie's wie alle hier, schauen Sie vorwärts, achten Sie auf das vor Ihnen fahrende Fahrzeug, was hinter Ihnen passiert, sollte Sie nicht interessieren, denn die Israelis interessiert es auch nicht.

Sollten Sie unter die Räder kommen, sich also in irgendeiner Form verletzen beziehungsweise krank werden, so können Sie sich beruhigt in die Hände israelischer Ärzte begeben. Die Ambulanz eines israelischen Krankenhauses hat zwar nicht den Glanz eines modernen, chrom- und stahlglänzenden deutschen Klinikums, sondern gleicht mehr einer Bahnhofswartehalle in Deutschland, doch der medizinische Standard ist sehr gut. Israelische Ärzte arbeiten meist eng mit Kollegen im Ausland zusammen und sprechen in der Regel nicht nur Hebräisch, so daß Sie sich verständigen können – auch über das Geld, denn gezahlt wird bei Erfolg sofort. Nach abgeschlossener Behandlung drücken Sie in einer Privatpraxis dem Arzt das Geld in die Hand, im Krankenhaus zahlen Sie an der Kasse: bar, mit israelischem Scheck oder mit Kreditkarte. Im Krankenhaus kann es passieren, daß Sie – da Sie als Ausländer ja nicht Mitglied der israelischen Krankenkasse sind – gebeten werden, ein Pfand zu hinterlegen: den Paß, eine Uhr oder einen ausgefüllten Scheck. Der Scheck wird nach der Behandlung mit der Rechnungssumme verrechnet, Uhr, Paß und dergleichen mehr erhalten Sie zurück. Bitten Sie darum, daß man Ihnen eine englisch geschriebene Rechnung ausstellt, die Sie bei Ihrer Kasse einreichen können. Vor allem aber: Passen Sie im Autoverkehr auf, daß Sie gar nicht erst in die Verlegenheit kommen, eine israelische Klinik von innen zu besichtigen.

Die Alternative zum Auto ist die Fahrt in einem Bus. Das ist preiswert, und Sie haben aus gesicherter Perspektive einen guten Blick auf den Verkehr und auf die Landschaft. Busse pendeln zum Beispiel ständig zwischen Jerusalem und Tel Aviv, aber auch nach Haifa, Akko, Beer Sheva oder Eilat kommen Sie jederzeit mit einem Bus. In den meisten Städten gibt es einen zentralen Busbahnhof. Apropos Bahnhof: Wenn Sie Zeit haben, sollten Sie sich eine Bahnfahrt von Tel Aviv nach Jerusalem gönnen. Mit dem Auto oder Bus sind Sie schneller, doch wenn die Bahn die Berge nach Jerusalem hinaufschnauft, haben Sie einfach mehr von der Landschaft.

Israel ist ein kleines Land – etwa so groß wie das Bundesland Hessen –, so daß man von Jerusalem oder Tel Aviv aus fast alle Ecken des Landes innerhalb eines Tages erreichen und wieder zurückkehren kann. Zwei Busunternehmen bieten solche Tagestouren an. Die Touristen werden an ihren Hotels abgeholt, in denen auch die Prospekte dieser Unternehmen ausliegen, und abends wieder vor dem Hotel abgeliefert. Auf diesen Touren begleiten Sie deutsch- oder englischsprechende Reiseleiter. Auf diese Weise sehen Sie nicht nur etwas von dem Land, Sie erfahren auch noch eine Menge darüber aus dem Munde eines Israeli, und zwar im Regelfall aus der Sicht eines Patrioten oder einer Patriotin.

Taxifahrer sind eine gute Quelle für alle, die etwas über die Stimmung im Lande erfahren wollen. Sie wissen immer, wie lange die Regierung noch im Amt bleiben wird, wie sich das Wetter entwickelt und warum die Regierung am Verkehrsstau schuld ist, in dem man gerade steht, während der Taxameter getreulich tickt. Sie sollten, wenn Sie in ein Taxi steigen, vor der Diskussion über die politische Großwetterlage im eigenen Interesse etwas anderes, viel Banaleres klären: den Fahrpreis. Entweder einigen Sie sich mit dem Fahrer auf einen festen Preis, bei längeren Fahrten durchaus sinnvoll, oder Sie sollten darauf bestehen, daß der Fahrer das Taxameter einschaltet. Danach können Sie sich von dem Taxifahrer die Welt interpretieren lassen. Sollte er beispielsweise aus dem Irak stammen, wird er Ihnen auf ein Stichwort hin die Hintergründe der Kriege am Golf und die Mentalität der Araber im allgemeinen erklären.

Wenn Sie gerne unter Menschen sind, dann empfiehlt sich die Fahrt mit einem »Sherut«- oder Sammeltaxi. Ein solches Taxi fällt schon durch seine Überlänge auf; um mehr Kundschaft transportieren zu können, hat es nämlich drei Sitzreihen. Auch fährt ein Sheruttaxi nicht zu einer von Ihnen gewünschten Adresse, sondern pendelt wie die Busse zwischen festen Sammelplätzen in den verschiedenen Städten. Normalerweise hält ein Sheruttaxi unterwegs nicht, aber wenn der Fahrer gut gelaunt ist, hält er und nimmt noch jemanden mit, der am Straßenrand winkt – Sie müssen dann nur etwas enger zusammenrücken –, umgekehrt läßt er Sie vielleicht auch unterwegs aussteigen, aber verlassen können Sie sich darauf nicht. In Tel Aviv und Jerusalem zum Beispiel finden Sie Sheruttaxis auch am Busbahnhof.

Ein solches Taxi fährt nicht nach Fahrplan, sondern wenn es voll ist. Der Preis ist Verhandlungssache. Sie können zu fünft in das Sheruttaxi steigen, nach dem Preis für die Strecke Jerusalem–Tel Aviv fragen und dann den Preis durch fünf teilen. Wenn Ihnen das zu teuer ist, warten Sie, bis sich weitere Kunden für diesen Zielort einfinden. Auf diese Weise kommen Sie fast jederzeit überallhin. Während die Busse über den Shabbat den Betrieb einstellen, fahren zumindest auf den wichtigsten Strecken – und dazu zählt die Verbindung von Tel Aviv nach Jerusalem – immer Sheruttaxis. Sie können zudem sicher sein, schnell an Ihr Ziel zu kommen; nach dem Verlassen der Stadtgrenze tritt der Chauffeur das Gaspedal durch und hebt seinen Fuß erst wieder, wenn er die erste rote Ampel am Zielort erkennen kann. Vorausfahrende Autos werden durch dichtes Auffahren auf die Seite gedrängt, so daß die Fahrt zu einem Abenteuer werden kann, während ein Scheich oder ein frommer Rabbiner an Ihrer Seite einschläft und sanft den Kopf auf Ihre Schulter legt. Auch das ist eine Begegnung mit Israel. Und deswegen sind Sie ja hier.

Übrigens:
»Israel ist ein schönes Land...«

»...schreibst du das auch?« fragte unsere Tochter Johanna, als ich wieder einmal am Schreibtisch saß und schrieb, anstatt mich um sie zu kümmern. Wo sie recht hat, hat sie recht, und deshalb steht dieser Satz jetzt hier. Johanna und Angelika, meine Frau, haben mir nicht nur die Zeit gelassen, neben meiner täglichen Arbeit dieses Buch zu schreiben, sondern sie haben mit ihren Erfahrungen erheblich zu dem beigetragen, was Sie hier lesen können. Woher wüßte ich, wie gut es Kindern in Israel geht, wenn nicht in erster Linie von Johanna, woher, wenn nicht von Angelika, was unter anderem an Supermarktkassen passiert? Doch viel wichtiger ist, daß Angelika das Manuskript gelesen und mit ihrer Kritik verbessert hat.

Daß Israel ein schönes Land ist, liegt in erster Linie an den Menschen, denen man begegnen kann. Ihre Offenheit, Herzlichkeit und Gastfreundschaft haben uns das Leben hier leicht gemacht: Danke Miriam, Sharon, Yankele und Ilana, Hagai und Michaela, Zwi und Ester, Philip und Hedva, Viki und Rebecca, Joe und Pam, Rachel, Nabil, Fussan und Rada, Steve und Chaya, Naomi, Shimon und Rachel, Abraham, Shlomo, Roni, Atalyah, Micky und Ika, Adel, Talaat, Dr. Yoram Neumann, Professor Rina Zaitzow und die Ärzte und Schwestern von der Onkologie des Beilinson-Kinderkrankenhauses und alle anderen.

Im Gazastreifen haben uns Fawaz und seine Frau Anke vom ersten Tag an wie Freunde aufgenommen, aber auch Salah und Bettina, Khaled und Christina. Sie, ebenso wie Manal, Ghasub und viele andere Palästinenser, sind die Menschen, durch die man erst ein Land kennenlernen kann. Danke dafür.

Anmerkungen

1 Amos Oz: *Der perfekte Frieden*, Suhrkamp, Frankfurt/M. 1990, S. 334
2 Jehuda Amichai: *Wie schön sind deine Zelte, Jacob*, Piper, München 1988, S. 98 (»Jerusalem 1967«)
3 Amos Elon: *Jerusalem – Innenansichten einer Spiegelstadt*, Wunderlich, Reinbek 1990, S. 266
4 Jeshajahu Leibowitz: *Gespräche über Gott und die Welt*. Mit Michael Shashar, Dvorah-Verlag, Frankfurt/M. 1990, S. 15
5 Avi Ganor/Ron Maiberg: *Israel kulinarisch*, Droemer Knaur, München 1990, S. 214
6 Sumaya Farhat-Naser: *Thymian und Steine. Eine palästinensische Lebensgeschichte*, Lenos-Verlag, Basel 1995, S. 65
7 David Grossman: *Der geteilte Israeli. Über den Zwang, den Nachbarn nicht zu verstehen*, Hanser, München 1992, S. 262
8 Friedrich Schreiber/Michael Wolffsohn: *Nahost. Geschichte und Struktur des Konfliktes*, Leske und Budrich, Leverkusen 1988, S. 153
9 Jeshajahu Leibowitz: *Gespräche über Gott und die Welt*. Mit Michael Shashar, Dvorah-Verlag, Frankfurt/M. 1990, S. 28